Knaur.

Über den Autor:
Werner Koczwara (sprich: Kotschwara) ist ein gerngesehener Gast bei Deutschlands Kabarett-Veranstaltern, denn seine Vorstellungen sind meist ausverkauft. Als TV-Autor belieferte er regelmäßig *Die Harald-Schmidt-Show* und *Verstehen Sie Spaß?* Das vorliegende Buch kam nach Aussage des Autors vorwiegend deswegen zustande, »weil ich ein Buch schreiben wollte, bei dem bereits das Inhaltsverzeichnis lustig ist«. Werner Koczwara ist Jahrgang 1957, sieht aber größer aus. Er lebt von Erdnüssen sowie mit 1 Frau und 2 Kindern in Schwäbisch Gmünd.

WERNER KOCZWARA

Italienisch

für Touristen, die
ihre Reisegruppe
verloren haben

Knaur Taschenbuch Verlag

Besuchen Sie uns im Internet:
www.knaur.de

Originalausgabe November 2009

Übersetzungen ins Italienische von Wanda Londero
Umschlaggestaltung: ZERO Werbeagentur, München
Umschlagabbildung: Susanne Kracht;
mauritius images; Photononstop
Satz: Adobe InDesign im Verlag
Druck und Bindung: CPI – Clausen & Bosse, Leck
Printed in Germany
ISBN 978-3-426-78275-0

2 4 5 3 1

Inhalt

Zu diesem Buch

An dieser Stelle stehen immer die ersten Zeilen des Vorworts. Nachdem diese Zeilen also ohnehin auf der nächsten Seite stehen, ist es am vernünftigsten, Sie blättern jetzt einfach um. Sie sind dadurch 20 Sekunden früher mit dem Buch fertig und können diese Zeit für etwas Sinnvolles verwenden.

Vorwort

Folgende Situation ist jedem von uns nur allzu vertraut: Man hat im italienischen Restaurant einen katastrophalen Abend erlebt und möchte nun den Kellner erwürgen.
Bisher hieß das: Im Konversationslexikon umständlich die der Situation angemessenen Worte zeitraubend zusammenklauben, während des Suchens verfliegt der Ärger – und der Kellner kommt ungeschoren davon. Damit ist nun Schluss!
Das vorliegende Werk beendet diesen unbefriedigenden Zustand. Wer künftig einen italienischen Kellner erwürgen möchte, findet hier rasch und zuverlässig das dafür notwendige Vokabular – in Lektion 8: Italienisch für Touristen, kurz bevor sie den Kellner erwürgen.
Im Gegensatz zu anderen Sprachkursen, die den Lernenden mit allerhand unnötigem Ballast beschweren, beschränkt sich dieser Kurs auf das Wesentliche. Wer sich zum Beispiel beruflich auf der Suche nach neuen Wegen befindet und an einer eher geruhsamen Lebensführung orientiert ist, dem sei die Lektion »Italienisch für stinkfaule Rom-Reiseleiter bei Drei-Tages-Reisen« (Lektion 34) empfohlen. Hier findet er die wenigen notwendigen Sätze, die mit der geforderten entspannten Grundhaltung konform gehen.

»Italienisch für Briefträger mit schwacher Blase« (Lektion 57) ist ein unverzichtbares Schatzkästlein für gleichermaßen italophile wie inkontinente Vertreter des Briefzustellungsgewerbes, welche in einem zusammenrückenden Europa ihren Wirkungsbereich auf Zustellbezirke südlich des Brenner ausdehnen möchten, hierfür aber aufgrund dringender Geschäfte bislang nicht zum dafür notwendigen Grundwortschatz vorzustoßen vermochten.

»Italienisch für allein reisende Touristen mit ausgeprägter Alkohol-Affinität« (Lektion 27) richtet sich an den bevorzugt im hochpromilligen Bereich Reisenden. Von häufig verwendeten Adjektiven bis zum profunden Selbstgespräch im Hotelzimmer findet der dürstend Suchende hier alles, was zwischen Minibar und Tankstellen-Spätschalter sprachliche Relevanz beherbergt.

In vergleichbare und menschlich nur allzu verständliche Tiefen stößt Lektion 30: »Italienisch für unterwürfige Touristen mit mangelndem Selbstwertgefühl«. Hier erhält der eher demutsgeprägte Reisende ausgiebig Handreichung, seine ohnehin bereits vorbildhafte Ergebenheit auch im fremdsprachlichen Kontext sowohl der Reife wie auch der Vollendung zuzuführen.

Dennoch sei gewarnt: Die Lektionen sollen den Sprachschüler nicht in leichtfertiger Sicherheit wiegen. In der Praxis lauern nur allzu oft heimtückische Fallstricke!

So ist der Kurs »Italienisch für lebendig Begrabene« (Lektion 87) nur dann sinnvoll, wenn Sie in Italien lebendig begraben werden. Wenn Sie dagegen zum

Beispiel in Spanien lebendig begraben werden, versteht man dort Ihr Rufen nicht. Hier sollten Sie zuvor den Kurs »Spanisch für lebendig Begrabene« belegt haben, um die Situation erfolgreich zu bewältigen.
Ein gerüttelt Maß an Vorausschau dagegen erfordert der Kurs 16: »Italienisch für Touristen mit stark gedrängtem Besichtigungsprogramm«. Da davon auszugehen ist, dass während der Reise nicht die gewünschte Zeit vorhanden sein dürfte, um die Lektion einzuüben – dies vorwiegend dem Umstand geschuldet, dass im strengen Laufschritt nicht gut Lernen ist –, empfiehlt es sich, die Lektion vor Reiseantritt abzuarbeiten. Pfiffige Sätze wie »Im Kolosseum wurde doch schon früher viel gerannt« kommen dann wesentlich eleganter über die Lippen.
Der nach profunder Kenntnis des Italienischen Suchende möge sich nun vorurteilsfrei der fremden Sprache nähern. Der Start mit Lektion 1: »Italienisch für Touristen in längeren Schlechtwetterperioden« wird empfohlen, ist aber für den Lernerfolg nicht zwingend. Wer dieses Werk erstanden hat, um zum Beispiel baldmöglichst dem Nachwuchs der italienischen Familie von nebenan Angst und Schrecken einzujagen, der stürze sich auf Lektion 63: »Italienisch für Kinder hassende Märchenonkel«.
Etwas zu kurz geratene Zeitgenossen finden mitfühlendes Vokabular in Lektion 50: »Italienisch für Kleinwüchsige«.
Und engstirnige, gewaltbereite Meinungsforscher wählen zum Einstieg die gleichlautende Italienisch-Lektion 83.
Ein jeder benutze dieses Büchlein ganz wie er mag.

Hier obwalte die Selbstbestimmtheit des lernwilligen Individuums!
Ich als Autor verlange für meine selbstlosen Bemühungen keinerlei Dank. Mir genügt die gute Gewissheit, etwas zur deutsch-italienischen Völkerverständigung beigetragen zu haben. Und dass ab und an ein italienischer Kellner erwürgt wird.

Rom/Schwäbisch Gmünd,
im September 2009

Teil 1:
Italienischkurse für Italien-Touristen

LEKTION 1:
Italienisch für Urlauber in längeren Schlechtwetterperioden / *Italiano per vacanzieri nei prolungati periodi di maltempo*

Grundwortschatz / *Lessico di base*

Wichtige Substantive / Sostantivi importanti:

das Tiefdruckgebiet	*la zona di bassa pressione*
die Unwetterwarnung	*l'allerta di maltempo*
die Kaltluftfront	*il fronte freddo*
der Regenschirm	*l'ombrello*
die Regenjacke	*l'impermeabile*
die Pfütze	*la pozzanghera*
die Gummistiefel	*gli stivali di gomma*
das Hochwasser	*l'acqua alta*
der Hagel	*la grandine*
die Orkanböe	*vento da uragano*
der Temperatursturz	*brusco abbassamento della temperatura*
die Baumwollunterwäsche	*la biancheria intima in cotone*
der Blitzeinschlag	*il fulmine*
die Notrufnummer	*il numero d'emergenza*

Wichtige Adjektive / Aggettivi importanti:

kalt	*freddo*
nass	*umido*
regnerisch	*piovoso*
windig	*ventoso*

Wichtige Verben / Verbi importanti:

frieren	*avere freddo*
trocknen	*asciugarsi*
packen	*fare le valigie*
abreisen	*partire*

Gebräuchliche Schimpfwörter / Parolacce comuni:

Sauwetter!	*Tempo da cani!*
Schweinewetter!	*Tempo da lupi!*
Pisswetter!	*Tempo di merda!*

Häufig verwendete Sätze / Frasi usate spesso:

Hier fahren wir nie wieder hin!	*Qui non ci verremo mai più!*
Ich war von Anfang an gegen diesen Urlaub!	**Io** *ero fin dall'inizio contrario a questa vacanza!*
Ich werde wahnsinnig. Zuhause hat es 28 Grad!!	*Sto impazzendo! A casa ci sono 28 gradi!*

LEKTION 2:

Italienisch für Touristen in trockenen Waldgebieten / *Italiano per turisti che si trovano nelle aride zone boscose*

Wichtige Substantive / Sostantivi importanti:

die Zecke	*la zecca*
die Schutzimpfung	*la vaccinazione preventiva*
die Zeckenzange	*la pinzetta stacca zecche*
die Meningitis	*la meningite*
die Borreliose	*la borreliosi*
die Gehirnentzündung	*l' encefalite*

Verben / Verbi:

drinstecken	*affondare*
rausziehen	*estrarre*
raussaugen	*succhiare*
herausschälen	*pelare fuori*
herausätzen	*cauterizzare*

Häufig verwendete Sätze / Frasi usate spesso:

Die steckt aber tief drin.	*Ma guarda quanto si è affondata.*

Vorsichtig mit Öl einreiben!	*Frizionare dolcemente con qualche goccia d'olio.*
Der Kopf darf nicht drinbleiben!	*La testa non deve restare dentro.*
Die Zeckenzange ist zu klein!	*La pinzetta stacca zecche è troppo piccola!*
Der Kopf darf auf keinen Fall drinbleiben!	*La testa non deve assolutamente restare dentro!*
Hat mal jemand 'ne Beißzange?	*Qualcuno ha un paio di tenaglie?*
Und jetzt mit Gewalt!	*Avanti, adesso con forza!*
Der Kopf ist noch drin …	*È rimasta dentro la testa …*

LEKTION 3:
Italienisch für Touristen in von Stechmücken beherrschten Gebieten / *Italiano per turisti che si trovano in zone infestate da moscerini*

Substantive / Sostantivi:

das Autan	*l'Autan*
die Fliegenklatsche	*la paletta schiacciamosche*
die Zeitung	*il giornale*
das Moskitonetz	*la zanzariera*
der Juckreiz	*il prurito*

Verben / Verbi:

einreiben	*frizionare*
draufhauen	*batterci su*
zuschlagen	*colpire*
Töten! Töten!! Töten!!!	*Uccidere! Uccidere!! Uccidere!!!*

Adjektive / Aggettivi:

unerträglich (meist mit: ~er Juckreiz)	*insopportabile (di solito usato con: prurito ~)*
wahnsinnig (meist als: Ich werde ~)	*pazzo (per lo più: stò impazzendo)*

Häufig verwendete Sätze / Frasi usate spesso:

Licht aus!	*Spegni la luce!*
Fenster zu!	*Chiudi la finestra!*
Die fressen uns auf!	*Quelli ci mangiano!*
Wo ist die Armee, wenn man sie mal braucht?!	*Dove sono le forze armate quando se ne ha bisogno?*
Sümpfe trockenlegen!	*Bonificare le paludi!*
Brut vernichten!	*Sterminare questo covo!*
Massiver Einsatz chemischer Kampfmittel!	*Attacco massiccio con armi chimiche!*

LEKTION 4:

Italienisch für Touristen im Nebel / *Italiano per turisti nella nebbia*

Substantive / Sostantivi:

die Konturen	*le sfumature*
die Umrisse	*i contorni*
die Schemen	*le sagome*

Verben / Verbi:

tasten	*procedere a tastoni*
erfühlen	*palpare*
erahnen	*intuire*

Häufig verwendete Sätze / Frasi usate spesso:

Hier müsste jetzt irgendwo die Sehenswürdigkeit sein.	*Qui in qualche parte ci dovrebbe stare l'attrazione.*
Kannst du die Sehenswürdigkeit erkennen?	*Riconosci la bellezza?*
Ich bin mit dem Kopf gegen etwas gestoßen, das wird wohl die Sehenswürdigkeit sein.	*Ho battuto la testa contro qualche cosa che potrebbe essere l'attrazione.*
Dann kriechen wir jetzt weiter zur nächsten Sehenswürdigkeit.	*Dai, adesso strisciamo carponi verso la prossima attrazione.*

LEKTION 5:

Italienisch für verkaterte Touristen / *Italiano per turisti reduci da una sbornia*

Substantive / Sostantivi:

das Kopfweh!	*il mal di testa!*
das Mineralwasser!	*l'acqua minerale!*
das Aspirin??	*l'aspirina??*
die Apotheke!!	*la farmacia!!*

Verben / Verbi:

ausruhen	*riposare*
hinlegen	*stendersi*
gehen (ausschließlich verwendet mit: Richtung Apotheke)	*andare (usato esclusivamente con: direzione farmacia)*

Komparative / Comparativi:

Leiser!	*Parlare più piano!*
Langsamer!	*Andare meno veloci!*
Schneller! (ebenfalls nur verwendet mit: Richtung Apotheke)	*Andare più veloci! (anche questo usato solo con l'espressione: verso la farmacia)*

Häufig verwendete Sätze / Frasi usate spesso:

Das Kolosseum können wir doch auch noch morgen besichtigen.	*Il Colosseo lo possiamo visitare anche domani.*
Der Papst steht doch fast jeden Tag am Fenster.	*Il papa si affaccia quasi ogni giorno alla finestra.*
Die Apotheke schließt gleich!	*La farmacia chiude subito!*

LEKTION 6:
Italienisch für Touristen mit starkem Sonnenbrand / *Italiano per turisti con una forte scottatura solare*

Häufig verwendete Substantive / Sostantivi usati spesso:

der Sonnenschirm	*l'ombrellone*
die Sonnencreme	*la crema solare*
Schutzfaktor 20	*fattore di protezione 20*
Schutzfaktor 50	*fattore di protezione 50*
Schutzfaktor 100	*fattore di protezione 100*
das Hotelzimmer	*la camera d'albergo*
die Verdunkelung	*l'oscuramento*

Häufig verwendete Verben / Verbi usati spesso:

einreiben	*mettersi la crema*
verbrennen	*ustionare*
zuziehen (meist im Zusammenhang: die Vorhänge sofort ~)	*tirare (di solito in relazione a: le tende, tirare immediatamente)*

Ungern gehörte Formulierungen im Wetterbericht / Espressioni sentite malvolentieri al bollettino meteorologico:

das Hochdruckgebiet	*la zona di alta pressione*
die stabile Sonnenwetterlage	*condizioni stabili di cielo sereno*
keine Änderung in Sicht	*non sono da aspettarsi cambiamenti metereologici*

Häufig verwendete Sätze / Frasi usate spesso:

Bei Einbruch der Dunkelheit reisen wir ab!	*Partiremo sull'imbrunire!*
Wie? Es gibt hier nur tagsüber einen Checkout?	*Come? Il checkout qui è solo di giorno?*
2081?? Die nächste Sonnenfinsternis ist erst 2081 …???	*2081?? Il prossimo eclissi solare sarà solo nel 2081…???*

LEKTION 7:
Italienisch für erschöpfte Touristen bei Stadtbesichtigungen / *Italiano per turisti esausti durante le visite di città*

Es kommen ausschließlich folgende Sätze zur Anwendung / Vengono usate esplicitamente seguente frasi:

Wie lange noch?	*Ancora tanto?*
Ist es noch weit?	*È ancora lontano?*
Ich halt das nicht durch.	*Non ce la faccio più.*
Gebt mir Wasser!	*Datemi dell'acqua!*
Es geht zu Ende.	*Sto per morire.*
Es ist aussichtslos. Kümmert euch nicht um mich!	*Non c'è più speranza. Non prendetevi cura di me!*
Lasst mich einfach hier liegen. Ohne mich könnt ihr es schaffen.	*Lasciatemi pur steso qui. Senza di me ce la potete fare.*

LEKTION 8:
Italienisch für Touristen, kurz bevor sie den Kellner erwürgen / *Italiano per turisti prossimi a strozzare il cameriere*

Grundwortschatz / Lessico di base:

Ober!	*Cameriere!*
O-ber!!	*Camerie-re!!*
Wir möchten bestellen!	*Voremmo ordinare!*
Hallo?	*Senta!*
Ooo-ber!!!	*Camerieee-re!!!*

Standardsätze Vorspeise / Frasi standard per l'antipasto:

Wir hatten Spaghetti bestellt! Das sind Muscheln!	*Avevamo ordinato gli spaghetti! Queste sono cozze!*
Wir hatten Muscheln bestellt. Das sind Spaghetti!	*Avevamo ordinato le cozze! Questi sono spaghetti!*
Wir hatten Carpaccio mit Rucola bestellt, das sind Spaghetti mit Muscheln!	*Avevamo ordinato il carpaccio con rucola, questi sono spaghetti con le cozze!*
Gibt es den Salat auch ohne Kakerlake?	*Avete l'insalata anche senza scarafaggi?*

Standardsätze Getränke / Frasi standard per le bevande:

Oooo-ber!	*Camerieeee-re!!!!*
Die Fliege in meinem Weinglas verdurstet!	*La mosca nel mio calice da vino sta morendo di sete!*
Haben Sie auch Rotwein *nicht* aus dem Tetrapack?	*Avete anche del vino rosso* non *conservato nel tetrapak?*

Hauptgang / Il piatto principale:

Oooober!!!!	*Camerieeeere!!!!*
Seit wann hat ein Rinderfilet Gräten?	*Da quando il filetto di manzo ha le lische?*
Packen Sie mir dieses Kalbsschnitzel ein, ich möchte es der Kommission für Menschenrechte vorlegen.	*Mi incartari questa bistecca di vitello, la vorrei presentare alla comissione dei diritti umani.*
Hätte die Languste vor dem Servieren eigentlich nicht aufgetaut werden müssen?	*L'aragosta non avrebbe dovuto essere scongelata prima di essere servita?*

Standardsätze zwischen Hauptgang und Nachspeise / Frasi standard tra la portata principale e il dolce:

Wenn er nicht so-fort kommt, bring ich ihn um! — *Se non arriva im-mediata-mente, lo uccido!*

Ich schwör's dir: Ich bring ihn um! — *Giuro! Lo uccido!*

Standardsätze bei der Nachspeise / Frasi standard mentre si degusta il dolce:

Ooober!!!!! — *Camerieeere!!!*

Seit wann hat eine Mousse-au-Chocolat Schalen? — *Si può sapere da quando il mousse-au-chocolat ha i gusci?*

Das ist keine Mousse-au-Chocolat, das sind Mu-scheln! — *Questo non è un mousse-au-chocolat, queste sone cozze!*

Standardsatz beim Bezahlen / Frase standard alla cassa:

286 Euro? 286 Euro?? — *286 Euro? 286 Euro?*

Standardsatz beim Erwürgen / Frase standard mentre lo si strozza:

286 Euro!!! 286 Euro!!!!! 286 Euro!!!!!!!! — *286 Euro!!! 286 Euro!!!!! 286 Euro !!!!!!*

LEKTION 9:
Italienisch für Urlauber, die gerade beleidigt wurden / *Italiano per vacanzierei che sono appena state offese*

Standardsatz / Frase standard:

Selber Arschloch! *Vaffanculo tu!*

LEKTION 10:
Italienisch für Touristen mit Misstrauen gegenüber dem italienischen Gesundheitssystem / *Italiano per turisti che diffidano del sistema sanitario italiano*

Standardsätze / Frasi standard:

Den Magendurchbruch lass ich daheim reparieren.	*La perforazione dello stomaco la faccio sistemare a casa.*
Kritisch wird es doch erst beim zweiten Herzinfarkt.	*La cosa diventa critica solo con il secondo infarto.*
Das Bein amputiert man in Deutschland gründlicher.	*In Germania l'amputazione della gamba viene eseguita più accuratamente.*
Du wirst sehn: Zwei Aspirin, und ich kann wieder gehen.	*Vedrai: Due Aspirine e mi rimetto in piedi.*
Lieber daheim gut gestorben, als im Ausland schlecht operiert.	*Meglio morire bene a casa che farsi operare malamente all'estero.*

LEKTION 11:
Italienisch für Zigaretten schnorrende Touristen / *Italiano per turisti che scroccano sigarette*

Standardsätze / Frasi standard:

Eigentlich rauche ich ja überhaupt nicht.	*A dire il vero, non fumo affatto.*
Ich hab praktisch so gut wie aufgehört.	*Praticamente ho già smesso.*
Sie sollten das auch bleiben lassen.	*Dovrebbe lasciar perdere anche Lei.*
Es ist gar nicht schwer.	*Non è per niente difficile.*
Alles eine Frage der Selbstkontrolle.	*È tutta questione di autocontrollo.*
Ihre Schachtel ist leer. Kaufen Sie uns bitte eine neue.	*Il Suo pacchetto è vuoto? Per favore, ce ne compri uno nuovo.*

LEKTION 12:
Italienisch für ängstliche Touristen auf Schiffsreisen / *Italiano per turisti paurosi nei viaggi in nave*

Häufig verwendete Substantive / Sostantivi usati spesso:

die Schwimmweste	*il giubotto di salvataggio*
der Rettungsring	*il salvagente*
die Leuchtrakete	*il razzo illuminante*
das Notsignal	*il segnale di soccorso*
die Gustloff!	*la nave Gustloff!*
das Seemannsgrab	*la morte in mare*
die Wasserleiche	*il cadavere di un annegato*

Häufig verwendete Verben / Verbi usati spesso:

sinken	*affondare*
absaufen	*affogare*
ertrinken	*annegare*

Seltene Sätze / Frasi rare:

Wann läuft im Bordkino endlich mal *Titanic*?	*Quando danno finalmente il film* Titanic *al cinema di bordo?*

20 000 Meilen unter dem Meeresspiegel würde ich auch mal gern wieder sehen.	*Mi piacerebbe rivedere anche il film* Ventimila leghe sotto i mari.
Beim *Poseidon-Inferno* kann ich richtig gut entspannen.	*Io invece riesco a rilassarmi veramente bene con il film* L'avventura del Poseidon.

Häufig verwendete Sätze / Frasi usate spesso:

Herr, Kapitän, ist es hier sehr tief?	*Signor Capitano, qui è molto profondo?*
Herr Kapitän, ist das Wasser hier sehr kalt?	*Signor Capitano, qui l'acqua è molto fredda?*
Herr Kapitän, das Schiff dort am Horizont, das sind ganz sicher Piraten!	*Signor Capitano, quella nave là all'orizzonte, quelli sono di sicuro pirati!*
Herr Kapitän, das da vorne sieht aber verdächtig nach Eisberg aus!	*Signor Capitano, quello lì davanti sembra proprio essere un iceberg!*
Herr Kapitän, sind Sie sicher, dass das Schiff dicht ist?	*Signor Capitano, è sicuro che la nave è a tenuta stagna?*

Meist aus weiter Entfernung gerufen / Per lo più gridato da una certa distanza:

Herr Kapitän, wenn das Schiff wirklich sinkt, warum sitze ich dann eigentlich allein in diesem Rettungsboot?

Signor Capitano, se la nave va veramente a fondo, ma allora perché sono seduto solo io in questa scialuppa di salvataggio?

LEKTION 13:
Italienisch für stark angetrunkene Touristen / *Italiano per turisti in stato di forte ebbrezza*

Grundwortschatz / Lessico di base:

Ramasoddi	*Ruamazszoti*
Pino Grischjo	*Pinot Grizso*
Grabba!	*Grr-rapp-pa!*
Veuff Glicko?	*VeGlicot*

Standardsätze / Frasi standard:

Ich komm aus Dtschlnd un wie heißd du?	*Sono tdesco e tuu come t' chiami?*
Selbsverschdändlch knn ich no fahrn.	*Ce-erto che sonc-cora in grado di guu-idare.*
Ich bn schtogg-nüchdrrn.	*Sono lu-ucididissimo.*
Abr andrrseits hatr die Autobahnen gebaud.	*Ma d'atronde lui ha co-ostruito l'atostrade.*

Nicht verwendete Sätze / Frasi non usate:

Fischers Fritz fischt frische Fische …	*Trentatre Trentini entrarono a Trento, tutti e trentatre trotterellando.*

Brautkleid bleibt Brautkleid, und Blaukraut bleibt Blaukraut.
Verscharrt mein Schwarzgeld auf dem schnellsten Schleichweg zum Schweizer Schließfach.

Sopra la panca la capra campa, sotto la panca la capra crepa.
Fondate frettolosamente un forziere finanziario in Svizzera favorendo i miei fondi neri.

LEKTION 14:

Dreifachkurs: Bitte übersetzen Sie! / *Corso triplo: Traduca per favore!*

1. Italienisch für Urlauber mit normaler Lebenserwartung / Italiano per vacanzieri con prospettive di vita normale:

Hier ist es schön. Ich komme im Laufe meines Lebens noch öfter her.	*Qui è bello. Ci verrò ancora più volte durante la mia vita.*

2. Italienisch für Urlauber mit verminderter Lebenserwartung / Italiano per vacanzieri con prospettive di vita ridotta:

Hier ist es schön. Eventuell bis nächstes Jahr.	*Qui è bello. Forse ci vedremo l'anno prossimo.*

1. Italienisch für Urlauber, die nur noch wenige Wochen zu leben haben / Italiano per vacanzieri che hanno ancora poche settimane di vita:

Hier ist es schön.	*Qui è bello.*

LEKTION 15:
Italienisch für Touristen, die ständig den Bus verpassen / *Italiano per turisti che sono soliti perdere l'autobus*

Häufig verwendeter Ausruf / Esclamazione usate spesso:

Taxi! *Taxi!*

LEKTION 16:

Italienisch für Touristen mit stark gedrängtem Besichtigungsprogramm / *Italiano per turisti con un programma pieno zeppo di visite*

Adjektive / Aggettivi:

schnell (nur als Komparativ: schneller)	*veloce (usato solo al comparativo: più veloce)*
sofort (nur als Imperativ: so-fort!)	*subito (usato solo nell'imperativo: su-bito!)*
eilig (nur als Superlativ: eiligst)	*frettoloso (usato solo al superlativo: con massima fretta!)*

Verben / Verbi:

rennen	*correre*
hasten	*affrettarsi*
stürmen	*precipitarsi*
durchboxen	*gomitare*
niedertrampeln	*calpestare*

Kurze Sätze / Frasi brevi:

Zur Seite!	*Toglietevi di mezzo!*
Platz da!	*Fate posto!*
Aus dem Weg!	*Via dalla strada!*
Ich bin Arzt! Lassen Sie mich durch!	*Sono medico! Fatemi passare!*

Längere Sätze / Frasi più lunghe:

Im Kolosseum ist man doch auch schon früher ständig gerannt.	*Già nel passato nel Colosseo si correva sempre.*
Kennt jemand 'ne Abkürzung zum Petersdom?	*Qualcuno conosce una scorciatoia per andare alla basilica di San Pietro?*
Die Sixtinische Kapelle tut's zur Not auch nur von außen.	*Al limite, la capella Sistina basta guardarla anche solo dal di fuori.*
Ruf mal jemanden am Flughafen an, dass die auf uns warten!	*Qualcuno chiami l'aereoporto e dica che ci aspettino!*
Wann genau macht der Louvre zu?	*Quando di preciso chiude il Louvre?*

LEKTION 17:
Italienisch für Touristen auf strenger Diät / *Italiano per turisti in dieta rigida*

Häufig verwendete Substantive / Sostantivi usati spesso:

der Hunger	*la fame*
die Waage	*la bilancia*
der Body-Mass-Index	*l'indice di massa corporea*
das Vollkornbrot	*il pane integrale*
die Halbfettmargarine	*la margarina semigrassa*
die Geflügelwurst	*salumi di tacchino o pollo*
die Kalorientabelle	*la tabella delle calorie*

Nicht verwendete Substantive / Sostantivi non usati:

die Nachspeise	*il dessert*
die Salami	*il salame*
die Torte	*la torta*
das Spanferkel	*la porchetta*

Verben / Verbi:

abnehmen	*dimagrire*
abnehmen	*dimagrire*
abnehmen	*dimagrire*

Häufig verwendeter Satz / Frase usate spesso:

Können Sie mir ein sehr schlechtes Restaurant empfehlen?

Mi può consigliare un ristorante dove si mangia male?

Nicht verwendetes Adjektiv / Aggettivo non usato:

satt

sazio

LEKTION 18:
Italienisch für Touristen in verseuchten Gebieten / *Italiano per turisti in zone infette*

Notwendige Substantive / Sostantivi indispensabili:

die Blattern	*il vaiolo*
die Pest	*la peste*
der H5N1-Virus	*il virus H5N1*
die Maul- und Klauenseuche	*l'afta epizootica*
die Tollwut	*la rabbia*
der Rinderwahnsinn	*la mucca pazza*
der Amtsarzt	*l'ufficiale sanitario*
die Quarantäne	*la quarantena*
der Gesundheitsminister	*il ministro della sanità*
das Beileidstelegramm	*il telegramma di condoglianze*
die Notschlachtung	*la macellazione d'emergenza*
die Verbrennung	*l'incenerimento*

LEKTION 19:
Italienisch für unkomplizierte Touristen bei Papst-Audienzen / *Italiano per turisti semplici durante le udienze papali*

Gern verwendete Sätze / Frasi usate volentieri:

Ja hallöchen aber auch!	*Ma guarda chi si vede!*
Give me five!	*Give me five!*
Wir können uns duzen. Ich heiß' Günther.	*Possiamo darci del tu! Io sono Günther.*
Machst du das hauptberuflich?	*Questa è la tua professione principale?*
Ich hab 'nen Kumpel, der ist auch Pfarrer.	*Ho un vecchio amico e anche lui fa il prete.*

Ungute Substantive / Sostantivi non belli:

Abtreibung	*l'aborto*
Selbstbefriedigung	*l'autoerotismo*
Vaterschaftstest	*il test per l'accertamento della paternità*
Pädophilie	*la pedofilia*

Das waren einfache Sätze. Nun zu einem neuen Schwierigkeitsgrad.
Übersetzen Sie folgenden Monolog zügig ins Italienische:

Jetzt mal unter uns Katholiken: Mir geht unsere Toleranz gegenüber fremden Religionen mittlerweile zu weit. Bei mir in der Nachbarschaft ist da neulich auch so eine Familie eingezogen. Ich war bei denen, ich hab mit denen geredet, dass ihr Glaube nicht richtig ist. Aber die sind ja komplett vernagelt! Die wollen ums Verrecken evangelisch bleiben!
Adesso però, detto tra noi cattolici: La nostra tolleranza nei confronti delle religioni straniere mi sta sullo stomaco. L'altro giorno nel mio vicinato è venuta ad abitare una di queste famiglie. Io sono andato da loro, ho parlato con loro che la loro fede non è quella giusta. Ma quelli sono completamente ottusi! Quelli vogliono restare protestanti anche dopo morti.

Sätze, die beim Papst für gute Laune sorgen / Frasi che alimentano il buonumore del papa:

Man kommt einfach entschieden zu leicht ans Verhütungsmittel ran.

È decisamente troppo facile procurarsi dei contraccettivi.

Ich habe daher gemeinsam mit dem Ortspfarrer eine katholische Widerstandsgruppe gebildet.

Di consequenza ho formato un gruppo di resistenza cattolica iniseme al parroco.

Wir ziehen nachts durch die Kneipen und verkleben mit gesegnetem Kaugummi den Münzeinwurf von Kondomautomaten.

Di notte noi giriamo insieme nelle birrerie e sulle fessure per l'introduzione delle monete dei distributori dei preservativi appiccichiamo della gomma da masticare benedetta.

LEKTION 20:

Italienisch für Touristen in veralteten Reisebussen / *Italiano per turisti che viaggiano in pullman antiquati*

Substantive / Sostantivi:

das Geräusch	*il rumore*
der Kolbenfresser	*il grippaggio del motore*
der Getriebeschaden	*il cambio di velocità difettoso*
die Ölspur	*la traccia d'olio*
der Autofriedhof	*il cimitero delle macchine*
die Schrottpresse	*la pressa per il rottame*

Verben / Verbi:

abschleppen	*trainare*
einstampfen	*comprimere*
verscherbeln (meist mit: nach Indien, Sri Lanka, Bangladesch)	*svendere (di solito con: in India, Sri Lanka, Bangladesh)*

Häufig verwendete Sätze / Frasi usate spesso:

So ein antiquierter Bus ist eine Schweinerei!	*Un pullman cosí antiquato è una porcheria!*
Der gehört ins Museum, aber nicht auf die Straße!	*Questo va messo al museo ma non in strada!*
Das kann man doch keinem zumuten!	*Un viaggio in questo pullman non lo si può pretendere da nessuno!*
Das hör ich doch, dass dieser Motor im Eimer ist!	*Lo sento pur che questo motore è andato!*
Und jetzt kommt da vorn auch noch diese Steigung!	*E adesso là davanti c'è anche questa saltia!*
Ich schieb die Karre jedenfalls keinen Meter weiter!	*Ad ogni modo, io questo trabiccolo non lo spingo più!*

LEKTION 21:
Italienisch für Touristen mit prinzipiellem Zweifel am touristischen Grundgedanken / *Italiano per turisti che hanno un innato dubbio sul concetto fondamentale del turismo*

Grundgedanken / Pensieri fondamentali:

Warum muss man eigentlich immer weg?	*Dopotutto, perché si deve sempre andare via?*
Wo ist denn da der Sinn?	*Ma qual'è il senso?*
Wozu denn das Ganze?	*Insomma, a che serve tutto questo?*
Was machen wir hier eigentlich?	*Infin dei conti che cosa facciamo qui?*
Hier sind doch schon genug andere Touristen!	*Qui ci sono già abbastanza altri turisti!*
Komm, wir fahren wieder heim nach Bielefeld.	*Dai, ritorniamo a casa a Bielefeld.*

LEKTION 22:
Italienisch für extrem nikotinbedürftige Touristen im Hotelzimmer / *Italiano per turisti che hanno un estremo bisogno di nicotina in una camera dell'albergo*

Häufig verwendete Sätze / Frasi usate spesso:

Diese plötzliche Hektik auf der Straße. Merkwürdig ...!
Questa improvvisa frenesia sulla strada. Che curioso...!

Solch ein Lärm auf der Treppe um diese Zeit? Seltsam ... !
Un tale chiasso sulle scale a quest'ora? Che strano...!

Eine Axt in der Tür? Sehr ungewöhnlich ...?!
Una scure nella porta? Molto inconsueto...?!

Schön, dass Sie so spät noch reinschauen, Herr Feuerwehrmann, aber ich habe nur kurz das Fenster geöffnet, damit der Rauch abziehen kann.
Che gentile signor vigile del fuoco che viene a darci una guardatina. Ho soltanto aperto un attimino la finestra in modo che possa dissolversi il fumo.

LEKTION 23:

Italienisch für nervenstarke Touristen in brennenden Hotelzimmern / *Italiano per turisti che mantengono i nervi saldi nella camera d'albergo in fiamme*

Häufig verwendete Sätze / Frasi usate spesso:

Mir haben diese Vorhänge ohnehin nicht gefallen.	*Queste tendine dopotutto non mi sono neanche piaciute.*
Ich ruf rasch mal den Zimmerservice an und bestell den Rotwein ab. Ihn bei dieser Temperatur zu trinken, wäre ein Verbrechen.	*Chiamo un attimino il servizio in camera e annullo l'ordinazione del vino rosso. Berlo con questa temperatura sarebbe un delitto.*
Stattdessen machen wir uns über dem glühenden Sofa einen entspannenden Fichtennadelaufguss.	*Invece ci faremo una bella sauna rilassante versando l'essenza d'abete sul divano arroventato.*

LEKTION 24:
Italienisch für Touristen in Hotels mit dünnen Wänden / *Italiano per turisti in alberghi con pareti sottili*

Häufig verwendete Sätze / Frasi usate spesso:

Hören die denn nie auf?	*Ma quelli non la finiscono più?*
Wie machen die das nur?	*Ma come fanno?*
Das geht jetzt schon so seit fünf Stunden!	*Tirano avanti già da cinque ore!*
Na, das gibt einen gesalzenen Brief an den Rechtsanwalt!	*Bene, finirà con una durissima lettera all'avvocato!*
Da lass ich aber mal den Rauch rein!	*Vedrai che ne dirò quattro!*
Eine Unverschämtheit!	*Che sfacciataggine!*
Untersteh dich, das Radio anzumachen! Sonst verpassen wir noch was.	*Guai a te se accendi la radio! Altrimenti ci perderemo qualche cosa.*

LEKTION 25:

Italienisch für Shakespeare-Kenner im Restaurant / *Italiano per gli appassionati di Shakespeare al ristorante*

Beim Betreten eines billigen Restaurants / Entrando in un ristorante a buon prezzo:

Ein edler Geist kennt keine Furcht!
(Aus: Poetische Werke)

Un animo nobile non conosce paure!

Beim ersten Auftauchen des Kellners / Al primo apprire del cameriere:

Ich trau ihm nicht, sein Blick erregt mir Schrecken.
(Romeo und Julia, V. Akt, 3. Szene)

Quel suo sguardo mi fa paura e delle sue intenzioni non mi fido.

Während der Vorspeise / Durante l'antipasto:

Ihr Götter! Götter! Muss ich all dies erdulden?
(Julius Cäsar, IV, 3)

O Dei! Dei! Dovrò io sopportare tutto questo?

Beim Hauptgang / Durante il piatto principale:

Oh schmölze doch dies allzu feste Fleisch! (Hamlet, I, 2)

Ahh, se questa carne troppo dura si potesse sciogliere!

Während der Nachspeise / Durante il dolce:

Nichts als sitzen, sitzen, essen, essen. (Der Widerspenstigen Zähmung, V, 2)

E sempre sedere e sedere, mangiare e mangiare.

Beim Ordern der dritten Flasche Wein / Ordinando la terza bottiglia di vino:

Die Enthaltsamkeit zeugt Krankheit nur. (Liebes Leid und Lust, IV, 1)

L'astinenza genera solo malattie.

Beim Überreichen der Rechnung / Alla consegna del conto:

Zum Raube lächeln, heißt den Dieb bestehlen. (Othello, I, 3)

Il derubato che sorride ruba qualcosa al ladro.

Beim Verschweigen der dritten Flasche Wein / Omettendo la terza bottiglia di vino:

Aufrichtig sein und ehrlich bringt Gefahr. (Othello, III, 3)

L'onestà e la sincerità ti rendono vulnerabile.

Schlussendlich beim Bezahlen / In fin dei conti pagando:

Wenn ich euch irgendwas schulde, so will ich es in Prügeln bezahlen. (König Heinrich V., I, 1)

Se vi devo qualcosa, in qualche maniera, ve lo pagherò a bastonate.

Beim Verlassen des Restaurants / Uscendo dal ristorante:

Alle Beleidigungen, gnädigster Herr, kommen von Herzen. (König Heinrich V, IV, 8)

Tutte le offese, gentile signore, partono dal cuore.

Abends im Bett / Di sera a letto:

Gut gehängt ist besser als schlecht verheiratet. (Was ihr wollt, I, 5)

Una buona impiccagione ti salva da un cattivo matrimonio.

LEKTION 26:
Italienisch für Frauen mit toten Männern / *Italiano per donne i cui mariti sono morti*

Häufig verwendete Sätze / Frasi usate spesso:

Haben Sie auch ruhige Zimmer?	*Avete anche camere tranquille?*
Ich hatte eigentlich ein gutes Hotel erwartet.	*Veramente mi aspettavo un buon albergo.*
Ich habe sechs Ehemänner überlebt, dann bringt mich dieses Frühstück auch nicht um.	*Sono sopravvissuta a sei mariti, non sarà dunque questa colazione ad uccidermi.*
Unter Mussolini hätt's das nicht gegeben.	*Sotto Mussolini ciò non sarebbe successo.*
Da können Sie lange warten, bis ich diese Hotelrechnung bezahle.	*Ha voglia di aspettare che io paghi il conto di quest'albergo.*
Was machen meine Füße eigentlich in diesem Betonblock?	*Si può sapere che fanno i miei piedi in questo blocco di calcestruzzo?*

LEKTION 27:
Italienisch für allein reisende Touristen mit ausgeprägter Alkohol-Affinität / *Italiano per turisti individuali con un' esplicita propensione per l'alcol*

Substantive / Sostantivi:

der Korkenzieher	*il cavatappi*
der Flaschenöffner	*l' apribottiglie*
die Getränkehandlung	*il venditore di bibite*
die Hotelbar	*il bar nell'albergo*
die Minibar	*il frigobar*
der Tankstellen-Nachtschalter	*lo sportello di servizio notturno dell'Autogrill*

Verben / Verbi:

leer saufen, meist als Partizip: leer gesoffen (vorwiegend mit: Minibar)	*scolare, viene usato spesso con il participio: scolato (soprattutto assiociato a »frigobar«)*
auffüllen (meist mit: Minibar)	*rifornire (di solito associato a: frigobar)*
aufhören (meist im Zshg. mit saufen, dann aber nur im Futur verwendet: Morgen werde ich ~ zu saufen)	*smettere (di solito relativo al »bere« in questo caso però usato con il futuro: smetterò da domani in poi)*

Adjektive / Aggettivi:

angedödelt	*brillo*
schlagseitig	*sbandato*
hacke	*sbronzo*
sturzbesoffen	*ubriaco fradicio*
nigelnageldicht	*una bella ciucca*

Sätze für Selbstgespräche / Frasi per soliloqui:

Wieso sind da plötzlich zwei Fernseher?	*Come mai adesso ci sono due televisori?*
Mir ist etwas seltsam – wo ist denn eigentlich das Bad?	*Mi sento un pò strano – dunque, dov'è il bagno?*
Solange ich noch Selbstgespräche auf Italienisch führen kann, passt immer noch einer rein!	*Finchè riesco a fare dei soliloqui in italiano non rinuncierò ad un ulteriore bicchierino.*
Die Minbar ist leergesoffen, die Hotelbar hat geschlossen, dann geh ich mal zum Tankstellen-Nachtschalter.	*Ho scolato tutto il frigobar, il bar nell'albergo è chiuso andrò allora allo sportello notturno dell'Autogrill.*
Und morgen hör ich mit dem Saufen auf.	*E da domani in poi smettrò di bere.*

Sätze für Gespräche mit dem Zimmerservice am nächsten Morgen / Frasi per conversazioni con il servizio in camera il giorno dopo:

Die vielen leeren Flaschen? Ich hatte gestern Freunde zu Besuch.
Tutte queste bottiglie vuote? Ieri sono venuti a trovarmi gli amici.

Äh … ins Bad gehen Sie besser nicht.
Beh … sarebbe meglio non entrare in bagno.

Für Sie auch ein Gläschen?
Un bicchierino anche per Lei?

LEKTION 28:
Italienisch für ältere Touristen, die im Aufzug stecken geblieben sind / *Italiano per turisti anzianetti che sono restati bloccati nell'ascensore*

Standardsätze / Frasi standard:

Wisst ihr, ich war ja schon mal in Gefangenschaft. Das war von 1945 bis 1947.

Infatti tempo fà ero già caduto in prigionia, dal 1945 al 1947.

Ich erzähl euch mal kurz den Zweiten Weltkrieg, jetzt haben wir ja Zeit. Anschließend: Geschichte des Zweiten Weltkriegs, bis der Hausmeister den Strom wieder anstellt.

Siccome abbiamo abbastanza tempo vi racconto tout court la seconda guerra mondiale.

LEKTION 29:

Italienisch für Touristen in lauten Hotels neben Baustellen / *Italiano per turisti in alberghi rumorosi vicino a dei cantieri*

Substantive / Sostantivi:

der Presslufthammer	*il martello pneumatico*
der Schlagbohrer	*il trapano a percussione*
die Dampframme	*il battipalo a vapore*
die Dynamitsprengung	*l'abbattimento con la dinamite*
die Ohrstöpsel	*i tappi per orecchie*
das Kopfkissen	*i guanciali*
die Schlaftablette	*i sonniferi*
das Lärmpegelmessgerät	*il fonometro*
120 Dezibel!	*120 dB!*
der Rechtsanwalt	*l'avvocato*

Verben / Verbi:

platzen, ausschließlich als Partizip Perfekt: geplatzt (meist mit: Trommelfell)	*perforare, viene usato solo come participio: perforato (di solito assieme a: timpano)*
anrufen, meist in der Befehlsform: den Rechtsanwalt/die Reiseleitung – sofort	*chiamare, di solito usato nell' imperativo: l'avvocato/i responsabili dell'agenzia – immediatamente*
ab-rei-sen!!	*par-ti-re!!*

Häufig gebrüllte Sätze / Frasi urlate spesso:

Was hast du gesagt?!!!!!	*Che cosa hai detto?!!!!!*
Ich kann dich nicht verstehen!!!!!	*Non ti capisco!!!!!*
Versuch, die Worte von meinen Lippen zu lesen!!!	*Prova a leggere le parole dalle mie labbra!!!*
Gehen wir in die Disco, da ist es leiser!!!!	*Andiamo in discoteca. Là è più tranquillo!!!!!*

LEKTION 30:
Italienisch für unterwürfige Touristen mit mangelndem Selbstwertgefühl / *Italiano per turisti di animo servile con una bassa autostima*

Standardsätze / Frasi standard:

Verzeihung.	*Mi scusi.*
Entschuldigung.	*Chiedo perdono.*
Das macht doch nichts.	*Non fa niente.*
Das kann doch mal passieren.	*Può succedere.*
Kommt nicht wieder vor.	*Non succederà piú.*
Beachten Sie uns gar nicht.	*Non ci badi neanche.*
Wir sind praktisch schon wieder weg.	*E come se fossimo già spariti.*

Im Restaurant / Al ristorante:

Da bin ich ganz Ihrer Meinung: gegessen wird, was auf den Tisch kommt!	*Sono perfettamente d'accordo con Lei: si mangia ciò che viene servito!*
Also bitte! Da können doch *Sie* nichts dafür, dass der Seehecht ungenießbar war.	*Ma si figuri! Non è affatto colpa* Sua *se il nasello era immangiabile.*

Da haben Sie recht. 20 Prozent Trinkgeld sind wirklich ein bisschen dünn.	*Ha ragione. Il 20 per cento di mancia è veramente un pò poco.*
Stimmt, was Sie da sagen: dass Sie extra nur wegen der Gäste heute hier arbeiten müssen, ist einen deutlichen Zuschlag wert.	*Giusto! Il fatto che oggi deve lavorare solo per gli ospiti merita una netta maggioranzione.*

Im Hotel / In albergo:

Selbstverständlich! Wenn wir uns *noch mal* beschweren, reisen wir sofort ab.	*Non si preoccupi! Se ci lamentiamo* ancora *una volta partiremo immediatamente.*
Natürlich bezahlen wir die Reparatur des defekten Aufzugs. Wir sind ja schließlich als Letzte damit gefahren.	*Certo che pagheremo noi la riparazione dell'ascensore difettoso. In fin dei conti eravamo noi gli ultimi ad usarlo.*
Da müssen wir doch nicht groß diskutieren: Wenn das Hotel am Wochenende geschlossen hat, dann bleiben wir eben solang auf dem Zimmer.	*Non ci servono grandi discussioni: Appunto, se l'albergo chiude per il fine settimana noi resteremo in camera per tutto il periodo di chiusura.*
Keine Frage! Wenn Sie das wünschen, dann bleiben wir eben noch einen Monat länger.	*È fuori discussione! Se Lei lo desidera, noi resteremo un mese in più.*

LEKTION 31:
Italienisch für Touristen mit chronisch überzogenem Bankkredit / *Italiano per turisti con il conto corrente cronicamente sconfinato*

Standardsätze / Frasi standard:

Das ist mir jetzt völlig unerklärlich.	*Questo ora non me lo so proprio spiegare.*
Dann probieren wir's mal mit dieser Kreditkarte.	*Allora proviamoci con questa carta di credito.*
Unleserlich?	*Illeggibile?*
Wahrscheinlich stimmt mit Ihrem Gerät was nicht.	*Forse nel Suo apparecchio c'è qualcosa che non quadra.*
Kann ja mal passieren.	*Può succedere.*
Ich mach Ihnen da überhaupt keinen Vorwurf.	*Non Le rinfaccio assolutamente niente.*
Ach, schicken Sie mir einfach 'ne Rechnung.	*Beh, allora mi mandi una fattura.*
Das wird dann so-fort überwiesen.	*Verrà accreditato im-me-dia-ta-men-te.*
Da müssen Sie sich überhaupt keine Sorgen machen.	*Non deve assolutamente preoccuparsi.*
Ich trage diese Sonnenbrille nur wegen eines Augenleidens.	*Porto questi occhiali da sole soltanto per una malattia agli occhi.*

Natürlich ist der Bart echt!	*Certo che la barba è vera!*
So ein Toupet macht einfach jünger.	*Una tale parucca ringiovanisce proprio.*
Wie? Interpol-Fahndungsfoto?	*Cosa? Una foto segnaletica della Interpol?*
Schaun Sie mal! Da hinter Ihnen!	*Guardi un pò! Là dietro a Lei!*

LEKTION 32:

Italienisch für Reisende in sehr engen, fensterlosen Hotelzimmern / *Italiano per vacanzieri che si trovano in camere d'albergo strette e senza finestre*

Häufig verwendete Substantive / Sostantivi usati spesso:

die Besenkammer	*il ripostiglio*
die Sardinenbüchse	*la scatoletta di sardine*
die Käfighaltung	*l'allevamento in gabbia*

Verben / Verbi:

durchhalten	*tener duro*
überleben	*sopravvivere*
abnehmen	*dimagrire*

Häufig verwendete Sätze / Frasi usate spesso:

Das sah im Prospekt irgendwie größer aus.	*In un certo qual modo negli opuscoli questo sembrava più grande.*
Bist du sicher, dass wir nicht noch im Aufzug sind?	*Sei sicuro che non siamo più nell' ascensore?*

Kannst du mal rasch rausgehen, damit ich den Koffer aufklappen kann?	*Puoi uscire per un momento in modo che possa aprire la valigia?*
Schnell! Mach die Tür auf! Der Sauerstoff wird knapp!	*Svelto! Apri la porta! Si sta esaurendo l'ossigeno!*

LEKTION 33:
Italienisch für Touristen mit schwerem Gepäck / *Italiano per turisti con bagagli pesanti*

Substantive / Sostantivi:

die Ankunft	*l'arrivo*
der Flughafen	*l'aeroporto*
der Aufzugsdefekt	*il guasto dell'ascensore*
die Treppe	*le scale*
die Zerrung	*lo strappo muscolare*
der Muskelkrampf	*il crampo muscolare*
der Bandscheibenvorfall	*ernia al disco*
der Orthopäde	*l'ortopedico*
die Bettruhe	*riposo a letto*
das Hotelzimmer	*la camera dell'albergo*
die Langeweile	*la noia*
die Abreise	*la partenza*

LEKTION 34:
Italienisch für stinkfaule Rom-Reiseleiter bei Drei-Tages-Reisen / *Italiano per pigrissime guide turistiche di Roma in viaggi di tre giorni*

1. Tag / 1° giorno:

So kurz nach der Anreise sollten wir uns nicht überanstrengen. — *Cosi poco dopo l'arrivo non dovremmo sovraffaticarci.*

Ich schlage vor, Sie schauen sich erst mal gemütlich ein bisschen alleine um. — *Propongo che dapprima ognuno di voi giri comodamente per la città per conto suo.*

Rom erschließt sich vor allem dem, der es selbst erkundet. — *Roma si rende accessibile soprattutto a chi la esplora individualmente.*

2. Tag / 2° giorno:

Die Sixtinische Kapelle? Wird überschätzt! Muss man nicht gesehen haben. — *La capella Sistina? Viene sovravvalutata! Non la si deve aver vista per forza.*

Das Kolosseum kennen Sie doch ohnehin schon alle aus dem Kino. — *Il Colosseo poi, tutti voi lo conoscete comunque dal cinema.*

Das Forum Romanum haben wir doch schon beim Anflug gesehen.

Il Foro Romano lo abbiamo pur già visto durante l'atterraggio.

3. Tag / 3° giorno:

Der Petersdom läuft schon nicht weg.

Niente paura, la basilica di San Pietro non scappa mica via.

Die ganzen Bauwerke stehen hier schon seit 2000 Jahren rum, die sind bei Ihrem nächsten Urlaub auch noch da.

Tutti questi lavori di costruzione sono piazziati qui già da 2000 anni e ci saranno ancora, anche quando verrete nelle vostre prossime vacanze.

So kurz vor der Abreise sollten wir uns nicht überanstrengen.

Cosi poco prima della partenza non dovremmo sovraffaticarci.

LEKTION 35:
Italienisch für touristische C-Klassen-Prominente / *Italiano per turisti vip di terza classe*

Ausschließlich folgende Sätze werden verwendet / Vengono usate esclusivamente le seguenti frasi:

Ich seh's Ihnen an: Sie haben mich erkannt!	*Glielo leggo in faccia: Lei mi ha riconosciuto!*
Ich war schon mal im Fernsehen, müssen Sie wissen.	*Deve sapere che sono già stato una volta in TV.*
Im Vormittagsprogramm	*A Uno Mattina.*
Da lernt man wichtige Leute kennen.	*Li si conosce gente importante.*
Da können Sie heute Abend aber was erzählen, wenn Sie heimkommen!	*Beh stasera, quando torna a casa, ne ha da raccontare!*
Sollen wir noch ein Foto von uns machen?	*Dobbiamo farci ancora una foto?*
Hier meine Autogrammkarte.	*Ecco la mia cartolina autografo.*
Ich signiere sie Ihnen gern mit Ihrem Namen.	*Gliela firmo volentieri con il Suo nome.*
Stronzo tedesco? Ein sehr ungewöhnlicher Name!	*Stronzo Tedesco? Che nome insolito!*

LEKTION 36 A:
Italienisch für Weihnachtsurlauber zum Beispiel im Iran / *Italiano per chi passa le vacanze natalizie per esempio in Iran*

Standardsätze / Frasi standard:

Fröhliche Weihnachten, guter Mann!	*Buon Natale, buon uomo!*
Ich wünsche Ihnen ein gesegnetes Weihnachtsfest!	*Le auguro un Buon Natale!*
Ich sagte: Frohe Weihnachten!	*Dicevo: Buon Natale!*
Hallo!! Es ist Weihnachten! Schon mal was davon gehört?	*Ehi! È Natale! Già sentito parlarne?*
Was schaun Sie denn so blöd?	*Perché mi guarda così da scemo?*
Weih-nach-ten! Klingelt's da irgendwo unter Ihrem Turban?	*Na-ta-le! Non c'è una campanella che suona sotto quel Suo turbante?*
Herrgott, sind Sie unreligiös!	*Oddio, quanto è infedele!*

Am häufigsten gestellte Fragen / Le domande più frequenti:

Warum liegt hier kein Schnee?

Come mai qui non c'è la neve?

Wo ist hier überhaupt der Tannenbaum?

Si può sapere dov'è l'albero di Natale qui?

Warum rede ich im Iran eigentlich Italienisch?

Ma insomma, perché parlo italiano in Iran?

LEKTION 36 B:
Exkurs: Wichtige Sätze für unwissentlich in Rom untergebrachte italienische Ägyptenurlauber / *Excursus: Frasi importanti per vacanzieri italiani che ritengono di passare le vacanze in Egitto e inconsapevolmente alloggiano in Roma*

Häufige Ausrufe / Esclamazioni usate spesso:

Europäischer als man denkt, dieses Ägypten!	*Questo Egitto è più europeo di quanto si pensa!*
Couscous, Herr Ober! Couscous! Ist das so schwer zu verstehen? Sind wir hier in Italien oder was?!	*Cous Cous, cameriere! Cous Cous!! È tanto difficile da capire? Non siamo mica in Italia!*

Häufig gestellte Fragen / Domande frequenti:

Wo sind denn hier die Pyramiden?	*Dove sono le piramidi?*
Warum steht über diese perfekte Nachbildung des Petersdoms eigentlich nichts im Kairo-Reiseführer?	*Come mai nella guida turistica del Kairo non ci sta scritto niente su questa perfetta ricostruzione della basilica di San Pietro?*
Sind um diese Jahreszeit immer so viele Italiener in Ägypten?	*In questo periodo dell'anno ci sono sempre cosi tanti Italiani in Egitto?*
Warum verstehen all diese Ägypter eigentlich Italienisch?	*Insomma, come mai tutti questi egiziani capiscono cosi bene l'Italiano?*

LEKTION 37:
Italienisch für Touristen in zerrütteten Beziehungen / *Italiano per turisti che si trovano in una relazione sfasciata*

Standardsätze für ihn / Frasi standard per lui:

Jedenfalls ohne *dich!*	*In ogni caso senza di* te!
Jedenfalls nicht mit *dir!*	*In ogni caso non con* te!
Nein, ich gehe heute in die Hotelbar!	*No, oggi vado io al bar dell'albergo!*
Nein, *ich* mache morgen das Besichtigungsprogramm!	*No, domani faró* io *la gita guidata!*
Nein, *ich* ziehe zu deiner Mutter!	*No,* io vado *ad abitare da tua madre!*

Standardsätze für sie / Frasi standard per lei:

Ich hätte den Standesbeamten heiraten sollen.	*Avrei dovuto sposare l'ufficiale dello stato civile. (vgl. Lektion «Italienisch für forsche Standesbeamte«)*

LEKTION 38:
Italienisch für Touristen mit Hunden / *Italiano per turisti con il cane*

Häufig verwendete Sätze / Frasi usate spesso:

Einen Riesenhaufen?	*Una cacca gigantesca?*
Mitten in die Hotelhalle?	*In mezzo all'atrio dell'albergo?*
Das ist nicht mein Hund.	*Non è il mio cane.*

LEKTION 39:
Italienisch für Touristen mit Elefanten / *Italiano per turisti con gli elefanti*

Standardsätze / Frasi standard:

Der tut nix!	*Non fa niente!*
Der will bloß spielen!	*Ma vuole solo giocare!*
Schaun Sie doch, wie süß er gerade guckt!	*Ma guardi che sguardo dolce!*

Gern geäußerte Antworten / Risposte espresse con piacere:

1. Am zweithäufigsten geäußerte Antworten:	***1. La seconda risposta più frequentemente espressa:***
Mein Vorbild in der Geschichte? Hannibal. Warum fragen Sie?	*Il mio ideale dalla storia? Annibale. Perché lo domanda?*
Wo Ihr Hund ist? Jedenfalls nicht unter dem Riesenhaufen in der Hotelhalle.	*Dov'è il Suo cane? Sicuramente non sotto quel grande mucchio di cacca nell'atrio ell'albergo.*
2. Am häufigsten geäußerte Antwort:	***2. La risposta più frequentemene espressa:***
Ein indischer.	*Uno indiano.*

LEKTION 40:

Italienisch für unentschlossene Touristen / *Italiano per turisti indecisi*

Häufig verwendete Sätze / Frasi usate spesso:

Kann sein …	*Può essere …*
Eventuell ...	*Eventualmente …*
Weiß nicht ...	*Non lo so …*
Vielleicht...	*Forse …*
Na ja ...	*Va bene, ma …*
Hmm ...	*Hm …*
Keine Ahnung ...	*Non ho idea …*
Puh ...	*Uff …*
Ich bin ab sofort jedenfalls *definitiv* an der Hotelbar!	*Da adesso in poi io* in ogni caso *sono al bar dell'albergo!*

LEKTION 41:
Italienisch für sehr, sehr reiche Weltraumtouristen / *Italiano per turisti spaziali straricchi*

Häufig verwendete Ausrufe / Esclamazioni usate spesso:

Da! Der Persische Golf.	*Guarda là! Il Golfo Persico!*
Da!! Die Türkei.	*Guarda là!! La Turchia!*
Da!!! Italien.	*Guarda là!!! L'Italia.*
Da!!!! Mallorca.	*Guarda là!!!! Mallorca.*
Da!!!!! Spanien.	*Guarda là!!!!! La Spagna.*
Da!!!!!! Die Azoren!	*Guarda là!!!!!! Le Azzorre!*
Da!!!!!!! Die Karibischen Inseln!!	*Guarda là!!!!!!! Le isole dei Caraibi!!*
Da!!!!!!!! Florida!!!	*Guarda là!!!!!!!! Florida!!!*
Da!!!!!!!!! Mein Swimmingpool!!!!	*Guarda là!!!!!!!!! La mia piscina!!!!*

LEKTION 42:
Italienisch für olivgrüne, schwerbewaffnete Reisende in Kettenfahrzeugen / *Italiano per viaggiatori in veicoli cingolati con abiti di colore verde oliva e armati fino ai denti*

Standardsatz / Frase standard:

Wo bitte geht's zum Regierungsgebäude?	*Per favore, come si arriva al palazzo del governo?*

LEKTION 43:
Italienisch für gesprächsfreudige Touristen mit unappetitlichen Krankheiten / *Italiano per turisti loquaci che hanno delle malattia disgustose*

Beim Frühstück / Durante la colazione:

Das Problem an meiner Wunde ist das eitrig blutige Nässen.	*Il problema della mia ferita è che butta pus e sangue.*
Aber bei einer Hodenquetschung muss eben aufgeschnitten werden.	*Ma se è una contusione scrotale si deve incidere comunque.*
Oh, schaun Sie, es gibt heute Morgen Rührei mit Tomaten!	*Oh guardi! Questa mattina abbiamo uova strapazzate e pomodori!*

Ja, wenn die Harnröhre funktioniert! Ich male kurz auf der Serviette auf, was da alles schiefgehen kann …

Si, se funziona l'uretra! Le raffiguro in breve sulla salvietta quante cose possono andare storte.

Es ist beim Übergeben ja meist so eine seltsame Substanz dabei, eigentlich schwer zu beschreiben, aber ich probier's trotzdem mal …

Quando si rimette, di solito c'è anche una di quelle sostanze così strane che in realtà è difficile da descrivere ma ci provo lo stesso …

So viel zum normalen Brechreiz. Aber dieser Reiz ist nachts ja ein ganz anderer als tagsüber. Ich demonstriere das mal kurz …

Questo per quanto riguarda il vomito normale. Ma questo stimolo di notte è del tutto diverso da quello diurno. Lo dimostro brevemente …

Beim Abendessen / Durante la cena:

Also Zucchini sind für meinen Darm das pure Gift.	*Dunque, gli zucchini per il mio intestino sono puro veleno.*
Denn *meine* Diarrhöe lässt sich mit normalem Durchfall überhaupt nicht vergleichen. Nur mal kurz ein Beispiel …	*Perché la* mia *diarrea non la si può assolutamente mettere a confronto con una dissenteria normale. Faccio solo un piccolo esempio …*
Wenn die Hämorrhoiden heraushängen, das ist das Faszinierendste. Ich habe mit dem Handy Fotos gemacht. Wenn Sie kurz mal schauen wollen …	*La cosa più affascinante è quando le emorroidi escono a penduli. Ho fatto delle fotografie con il cellulare. Se vuole darci un'occhiata …*

LEKTION 44:
Italienisch für Touristen in Gebieten mit streikendem Müllentsorgungspersonal / *Italiano per turisti in zone dove i netturbini sono in sciopero*

Standardsubstantive / Sostantivi standard:

der Abfallberg	*la montagna di rifiuti*
der Gestank	*la puzza*
die Verwesung	*la putrefazione*
der Mundschutz	*la mascherina*
die Gasmaske	*la maschera antigas*

Häufig verwendete Sätze / Frasi usate spesso:

Wie heißt das Zeug, das sich die Gerichtsmediziner immer unter die Nase streichen?	*Come si chiama quella roba che il medico legale si strofina sempre sotto il naso?*
Sehn wir's positiv: Rein geruchlich ist das ja wie Ferien auf dem Ökobauernhof.	*Vediamolo dal lato positivo. Per il mero fatto dell' odorato è come una vacanza in un agriturismo ecologico.*
Ich bin Deutscher. Auf welchen Müllberg gehören denn die Joghurtbecher?	*Sono tedesco. Su quale montagna di rifiuti vanno buttati i vasetti dello yogurt?*

LEKTION 45:
Italienisch für Touristen, die dringend aufs Klo müssen / *Italiano per turisti che devono andare urgentemente al gabinetto*

Wichtiges Substantiv / Sostantivo importante:

die Toilette	*il bagno*

Wichtige Fragewörter / Parole interrogative importanti:

Wo?	*Dove?*
Weit?	*Lontano?*

Im Zusammenhang mit »dringend« gern zusätzlich verwendete Adjektive / Avverbi aggiuntivi che vengono usati volentieri in relazione alla parola »urgente«:

alarmierend d.~	*pericolosamente u.~*
wahnsinnig d.~	*tremendamente u.~*
unvorstellbar d.~	*incredibilmente u.~*

Den wachsenden Blasendruck eindrucksvoll beschreibende imperative Aussagen / Affermazioni che descrivono in maniera impressionante la crescente pressione sulla vescica:

18 Atü!	*18 atm!*
Platzen!	*Scoppiare!*
Dann fliegt uns hier alles um die Ohren!	*Qui sennò esplode tutto per aria!*

Auf dem Weg zur Toilette gern in verschiedenen Varianten gerufenes Verb / Un verbo esclamato volentieri in diverse variazioni mentre ci si precipita in bagno:

Durchhalten!	*Tener duro!*
Durch-halten!!	*Te-ner duuroo!!*
Duuuurch-halll-ten!!!	*Teee-neer duuurooo!!!*

An der Toilettentür ungern gelesenes Partizip / Un participio letto malvolentieri alla porta del bagno:

besetzt	*occupato*

LEKTION 46:

Italienisch für Touristen, die ihre Reisegruppe verloren haben / *Italiano per turisti che hanno perso la loro comitiva di viaggio*

Standardsätze / Frasi standard:

Hilfe! Ich habe meine Reisegruppe verloren!	*Aiuto! Ho perso la mia comitiva!*
Wie? Sie auch?	*Come? Anche Lei?*
Dann fragen wir mal den Herrn dort drüben.	*Beh, andiamo a chiedere a quel signore là!*
Hallo! Wir haben unsere Reisegruppen verloren!	*Scusi! Abbiamo perso la nostra comitiva!*
Was? Sie ebenfalls?	*Come? Anche voi?*
Dann fragen wir mal die Dame dort drüben.	*Beh, andiamo a chiedere quella signora là!*
Haben Sie auch Ihre Reisegruppe verloren?	*Anche Lei ha perso la Sua comitiva?*
Wunderbar! Dann sind wir ja praktisch wieder eine Reisegruppe.	*Magnifico! In pratica adesso siamo di nuovo una comitiva.*
Was steht als Nächstes auf dem Programm?	*Che c'è di prossimo in programma?*

LEKTION 47:

Italienisch für Touristen mit defekter Uhr / *Italiano per turisti con un'orologio guasto*

Standardsatz / Frase standard:

Wie? Schon geschlossen? *Che cosa? Già chiuso?*

LEKTION 48:

Italienisch für Touristen mit abstoßendem Mundgeruch / *Italiano per turisti con l'alito cattivo*

Häufig verwendete Sätze / Frasi usate spesso:

Warum denn so scheu?	*Perché è cosi timido?*
So kommen Sie doch näher, mein Guter!	*Su, venga un pò più vicino, mio caro!*
Vor mir brauchen Sie sich doch nicht zu verstecken!	*Non deve mica nascondersi davanti a me!*

Vom Gesprächspartner ungern gehörte Sätze / Frasi non piacevoli da sentire per l'interlocutore:

Jetzt mal unter uns …	*Dunque, detto tra noi …*
Wo wir schon gerade mal so eng beisammen sind …	*Visto che adesso siamo cosi stretti insieme …*
Rücken Sie ganz dicht an mich heran, und sagen Sie ehrlich: Kann dieser Mund lügen?	*Si accosti vicino a me e mi dica sinceramente: questa bocca sa mentire?*

LEKTION 49:
Aufbaukurs Italienisch für Touristen, die den Sprachkurs besucht haben: »Italienisch für Touristen, die sehr oft beim Grammatikkurs gefehlt haben« / *Corso di perfezionamento della lingua italiana per turisti che hanno frequentato il corso di lingue: »Italiano per turisti che sono mancati molto spesso al corso di grammatica«*

Folgende fünf Sätze sollten Sie, nachdem Sie diesen Kurs besucht haben, fließend beherrschen. Beginnen wir mit einer Übung im Infinitiv:

1. Ich sehr gutes Italienisch nicht sprechen.	*Io parlare italiano molto buono.*

Wenn Sie dies mehrmals täglich üben, beherrschen Sie diesen Infinitivsatz in Kürze perfekt. Schwieriger wird es dagegen beim Konditionalsatz:

2. Wenn gegangen mehr ofte zu Italienischkurs ich, dann mich besser sprechte.	*Se io andato in corso italiano più tanto allora me parlato meglio.*

Wie gesagt: schwierig. Aber auch hier gilt: Übung macht den Meister! Bereits mit nur wenigen Stunden täglichen Trainings kommt Ihnen dieser Satz alsbald zügig über die Lippen. Aber ebenso zügig weiter zum: Futur 2. Eine nicht zu unterschätzende Disziplin!

3. Ich im Urlaub werde schlecht Italienisch gesprecht haben.	*Io in vacanze averò male parlato italiano.*

Auch hier sollten Sie sich etwas »reinknien«, wenn Sie in Italien als jemand erkannt und geschätzt werden möchten, der regelmäßig beim Grammatikkurs gefehlt hat und daher über entsprechende Grammatikdefizite verfügt. Doch kommen wir zu einem neuen Schwierigkeitsgrad, nämlich: dem Konditional 2.
Folgenden Satz gilt es zu bewältigen:

4. Im Urlaub besser gesprecht hab täte, wenn mehr gegangen ich in Italienischkurs wär.	*Io in vacanze avrei fatto meglio parlato se sarei più tanto io andato in corso italiano.*

Nicht ganz einfach! Sie sollten unbedingt ein größeres Arbeitspensum investieren, um diesen Satz wirklich komplett fehlerfrei sprechen zu können. Wir wiederholen ihn zur Sicherheit noch mal:
Io in vacanze meglio avrei fatto parlato se sarei più tanto io andato in corso italiano.

Und nochmals auf Deutsch:
Im Urlaub besser gesprecht hab täte, wenn mehr gegangen ich in Italienischkurs wär.

So viel hierzu. Und damit nun zu der wohl schwierigsten Grammatikform: dem Plusquamperfekt.
Wir sprechen:

5. Im Sommerurlaub mich keiner verstehn getut, weil im Frühjahr Italienischkurs Grammatik ich nix gewesen getutet hatten.	*In vacanze di estate me nessuno aveva capito perché io in primavera niente stato avuto fatto corso italiano di grammatica.*

Das ist die Königsdisziplin! Diesen Satz *müssen* Sie beherrschen, wenn Sie den Kurs »Aufbaukurs Italienisch für Touristen, die den Sprachkurs besucht haben: ›Italienisch für Touristen, die sehr oft beim Grammatikkurs gefehlt haben‹« erfolgreich abschließen wollen.

So weit die Lektionen für italienische Touristen. Damit hätten Sie nun das Rüstzeug, um Ihren nächsten Italienurlaub erfolgreich zu vollstrecken. Doch auch in der Heimat gibt es genügend Situationen, in denen sich der Lernstoff vertiefen lässt. Die folgenden Lektionen beschäftigen sich daher mit solch alltäglichen Herausforderungen wie auch mit einigen Spezialgebieten.

Teil 2: *Allgemeine Italienischkurse*

LEKTION 50:
Italienisch für Kleinwüchsige / *Italiano per chi è cresciuto bassotto*

Grundwortschatz / Lessico di base:

die Leiter	*la scala*
der Stuhl	*la sedia*
die Obstkiste	*la cassetta della frutta*

Standardsätze / Frasi standard:

Ich seh nix.	*Non vedo niente.*
Können Sie mich mal hochheben?	*Mi potrebbe alzare un pò in alto?*
Alexander der Große war auch nur 1 Meter 54.	*Anche Alessandro Magno era alto solo 1 metro e 54.*

Bei Standing Ovations / Durante le ovazioni con il pubblico in piedi:

Ich steh doch schon!	*Sono pur già in piedi!*

Beim Stehempfang-Smalltalk / Chiacchierando durante un rinfresco in piedi:

Was halten Sie vom Thema »Genickstarre«?	*Che cosa ne pensa dell'argomento »torcicollo«?*

Standardsatz für EXTREM Kleinwüchsige / Frasi standard per chi è cresciuto ESTREMAMENTE bassotto:

Sie da vor mir: Hinlegen! Ich will auch was sehen!	*Ehi ! Lei lì, davanti a me! Si sdrai! Voglio vedere qualcosa anch'io!*

LEKTION 51:
Italienisch für Kleinkinder / *Italiano per bambini in età prescolare*

Grundwortschatz / Lessico di base:

Mama	*Mamma!*
La-la	*La-la*
Happa	*Appa*
Kacka	*Cacca*
externe Festplatte	*disco rigido esterno*
Scheidungsanwalt	*l'avvocato divorzista*

Erste Sätze / Prime frasi:

Neuer Papa Scheiße.	*Nuovo papà schifo.*
Playstation putt.	*Otta la playstation.*

LEKTION 52:
Italienisch für Zeitungsabonnenten / *Italiano per gli abbonati al giornale*

Ausschließlich verwendetes Verb / Unico verbo usato:

abbestellen *disdire*

LEKTION 53:
Italienisch für Vogelliebhaber / *Italiano per appassionati di uccelli*

Häufig verwendete Sätze / Frasi usate spesso:

Das war eine Rohrdommel.	*Questo era un tarabuso.*
Das war ein Spatz.	*Questo era un passerotto.*
Das war eine Amsel.	*Questo era un merlo.*
Das war ein Buchfink.	*Questo era un fringuello.*
Was essen wir als Nächstes?	*Cosa mangeremo alla prossima portata?*

LEKTION 54:
Italienisch für Polizisten bei Banküberfällen mit Geiselnahme / *Italiano per poliziotti durante una rapina in banca con presa di ostaggio*

Standarddrohungen / Minacce standard:

Geben Sie auf.	*Si arrenda.*
Sie haben keine Chance!	*Non ha alcuna possibilità!*
Das Gebäude ist umstellt!!	*L'edificio è circondato!!*
Auf den Dächern sind Scharfschützen postiert!	*Sui tetti si sono collocati i tiratori scelti.*
Ihre Mutter ist hierher unterwegs!!!	*Sta arrivando Sua madre!!!*

Grundlegend falsche Sätze / Frasi fondamentalmente sbagliate:

Das zahlt sowieso die Versicherung.	*Tanto paga l'assicurazione.*
Ich schick Ihnen noch 'ne Geißel mehr rein.	*Le mando un'ostaggio in più.*
Wenn ich Sie einfange, der Richter lässt Sie ohnehin wieder laufen.	*Anche se la prendo, il giudice la farà rilasciare.*
Find ich gut, was Sie da machen!	*Mi piace ciò che sta facendo!*

LEKTION 55:
Italienisch für Anleger in abstürzenden Aktienmärkten / *Italiano per chi investe in azioni a precipizio*

Standardsätze / Frasi standard:

Hilfe!	*Aiuto!*
der Tiefstkurs	*la quotazione minima*
das Blutbad	*la strage*
der Totalverlust	*la perdita totale*
der Überziehungskredit	*il fido in conto corrente*
der Offenbarungseid	*la dichiarazione di nulla tenenza*
der Hausverkauf	*la vendita della casa*
die Scheidung	*il divorzio*

Adjektive / Aggettivi:

unvorstellbar (meist mit: u.~er Verlust)	*inimmaginabile (di solito usato con: perdita)*
nackt (meist mit n.~er Panik)	*in predo (per lo più: al panico)*
schwarz (in Zshg. mit s.~er Mo/Di/Mi/Do/Fr)	*nero (relativo a: lun/mar/mer/gio/ven)*
weg (meist mit: Geld/Lebenspartner)	*sparito (di solito usato con: denaro/compagno di vita)*

gutes	*buono*
altes (meist nur gemeinsam verwendet mit: Sparbuch)	*vecchio (di solito solo assieme a: libretto di risparmio)*

Verben / Verbi:

nachkaufen!	*riacquistare!*
nachkaufen!!	*riacquistare!!*
nachkaufen!!!	*riacquistare!!!*

Sätze / Frasi:

Und ich Arschloch hab noch nachgekauft!	*E io scemo ho riacquistato ancora!*
Noch mal nachkaufen? Ja, womit denn??	*Acquistare ancora? Con cosa??*

LEKTION 56:
Italienisch für Menschen mit unterentwickeltem Humorzentrum / *Italiano per persone che hanno un centro umoristico insufficientemente sviluppato*

Sätze / Frasi:

Den habe ich nicht verstanden.	*Questa non l'ho capita.*
Ach, das war die Pointe?	*Beh … era questa la battuta?*
Können Sie den Witz nochmal erzählen?	*Può ripetere ancora una volta la barzelletta?*
Ich bin Jurist, müssen Sie wissen.	*Deve sapere che sono un giurista.*

Nicht verwendete Sätze / Frasi non usate:

Der war aber lustig.	*Questa però era da ridere.*
Ich kenne auch einen.	*Anch'io ne conosco una.*

LEKTION 57:
Italienisch für Briefträger mit schwacher Blase / *Italiano per postini che hanno la vescica debole*

Substantive / Sostantivi:

der Reißverschluss	*la zip*
die Hecke	*la siepe*
der Baum	*l'albero*
das Gebüsch	*i cespugli*
der Straßengraben	*il fosso della strada*
der Briefkasten	*la cassetta postale*

Häufig verwendete Sätze / Frasi usate spesso:

Um Himmelswillen! Unterschreiben Sie endlich!	*Per l'amor del cielo! Faccia finalmente sta' firma!*
Kann ich mal bei Ihnen aufs Klo?	*Potrei usare il vostro bagno?*
Können Sie mal kurz auf meinen Briefbeutel aufpassen?	*Potrebbe per un attimo stare attento alla mia borsa delle lettere?*
Ich habe hier für Sie eine dringende Postzustellungsurkun… bin gleich wieder da!	*Ho qui per Lei un' urgente documento a consegna posta… ritorno subito!!!*

LEKTION 58:

Italienisch für sarkastische Zugbegleiter / *Italiano per controllori sarcastici*

Ach, Sie haben sich noch nie um 90 Minuten verspätet?	*Vuol dirmi che Lei non si è mai ritardato di 90 minuti?*
Wie hat der Fotograf denn das hinbekommen, dass Sie auf der Bahncard so gut aussehen?	*Come ha fatto il fotografo a frala sembrare cosi bella su questo tesserino?*
Dreckig nennen Sie das? Dann schauen Sie mal in das Abteil nebenan!	*Secondo Lei questo è sporco? Vada dunque a vedere lo scompartimento qui accanto!*
Euer Durchlaucht sind mit den Speisen im Bordrestaurant unzufrieden?	*Vostra Altezza Serenissima non è soddisfatta delle pietanza servite nel ristorante di bordo?*
Ich werde den Koch sofort auspeitschen lassen.	*Provvederò immediatamente alla frustazione del cuoco!*
Nein, wir werden nicht pünktlich in München ankommen. Außer jemand schiebt den Hauptbahnhof näher an uns ran.	*No, non arriveremo puntuali a Monaco nonostante qualcuno spinga la stazione ferroviaria verso di noi.*

LEKTION 59:
Italienisch für unfähige Fußballtrainer / *Italiano per allenatori di calcio incompetenti*

Häufig verwendete Substantive / Sostantivi usati spesso:

die Niederlage	*la sconfitta*
die Packung	*il record di gol*
die Klatsche	*la batosta*
der Abstiegskampf	*la lotta di retrocessione*
das Verletzungspech	*la maledizione degli infortuni*
die Gegentore	*i gol avversari*
der Torwartfehler	*l'errore del portiere*
der Schiedsrichter	*l'arbitro*

Synonyme / Sinonimi:

Schiedsrichter: Synonym für Arschloch	*arbitro: sinonimo per stronzo*
Arschlöcher: Synonym für Schiedsrichter und Schiedsrichterassistenten	*stronzi: sinonimo per arbitri e assistenti arbitrali*

Nicht verwendete Substantive / Sostantivi non usati:

Meisterschaft	*il campionato*
Aufstieg	*la promozione*
Siegesfeier	*il trionfo*
Vertragsverlängerung	*il prolungamento del contratto*

Verben / Verbi:

vertan (meist mit: Chancen)	*spreccato (di solito usato con: l'occasione)*
verloren (meist mit: hoch)	*perso (di solito usato con: clamorosamente)*
verlängern (nur in der Verneinung, meist mit: Vertrag)	*prolungare (solo nelle affermazioni negative, di solito usato con: contratto)*

Adjektive / Aggettivi:

unglücklich (meist mit: verloren)	*per sfortuna (di solito usato con: perso)*
hoch (siehe: unglücklich)	*clamorosamente (vedi: per sfortuna)*
indiskutabel (meist mit: Schiedsrichterleistung)	*indiscutibile (di solito usato con: prestazione arbitrale)*
unberechtigt (Elfmeter)	*ingiustificato (rigore)*

mangelnde (ausschließlich mit: Feinabstimmung im Mittelfeld)	*mancanti (usato esclusivamente con: sensibili adattamenti nel centrocampo)*

Häufig gedachter Satz / Frase pensata spesso:

Ich hätte Turnlehrer bleiben sollen.	*Sarei dovuto rimanere un'insegnante di educazione fisica.*

LEKTION 60:
Italienisch für Westernhelden / *Italiano per gli eroi del far west*

Grundwortschatz / Lessico di base:

Zieh!	*Tira!*
Whiskey!	*Whiskey!*
Hü!	*Arri!*
Ho!	*Arri là!*
Brrr!	*Oooo…!*
Nach Texas.	*In cammino verso il Texas.*

Standardsätze / Frasi standard:

War nur ein Streifschuss.	*Era soltanto una ferita di striscio.*
Lass die Kleine los!	*Molla la piccola!*
Hoss badet. Das heißt, wir kriegen Frauenbesuch auf der Ponderosa.	*Hoss sta facendo il bagno il ciò significa che riceveremo visita femminile sul ranch di Ponderosa.*

LEKTION 61:
Italienisch für forsche Standesbeamte / *Italiano per ufficiali dello stato civile dal piglio deciso*

Wie: Ja?	*Come: Sì?*
Haben Sie gerade wirklich »ja« gesagt?	*Ha detto di Sì sul serio?*
Das ist jetzt nicht Ihr Ernst?!	*Non dirà sul serio?!*
Sind Sie sicher?	*È sicura?*
Haben Sie den Herrn eigentlich auch schon bei Licht gesehen?	*Quest'uomo lo ha anche già visto alla luce del sole?*
Also neben dem möchte ich nicht aufwachen!	*Io veramente non vorrei svegliarmi al suo fianco.*
Etwas derart Strunzhässliches findet man selten.	*Una cosa talmente scimmiesca, la si trova raramente.*
Da können Sie ja genauso gut *mich* nehmen.	*A questo punto potrebbe prendere* me *come sposo.*
Dann erkläre ich uns hiermit zu Mann und Frau.	*Allora ci dichiaro marito e moglie.*

LEKTION 62:
Italienisch für Goldfische in der Wasserkugel / *Italiano per i pesci rossi nella boccia*

Was machst'n du heute?	*Che fai oggi?*
Klingt nicht sehr spannend …	*Non sembra molto eccitante …*

LEKTION 63:
Italienisch für Kinder hassende Märchenonkel / *Italiano per gli zii raccontafavole che odiano i bambini*

Gern verwendete Schlusssätze von Märchen / Finali che vengono usate volentieri in una favola:

Hänsel und Gretel kamen an ein Häuschen aus Pfefferkuchen fein. Dort hat sie die Hexe dann gekocht und verspeist.	*Hansel e Gretel arrivarono alla casetta di marzapane dove poi la strega li ha cucinati e mangiati.*
Aber die Hecke um Dornröschens Schloss war einfach zu dicht. Der Prinz hat dann irgendwann aufgegeben.	*Ma la siepe del castello della Bella addormentata era semplicemente troppo fitta. Ad un certo punto Il Principe si è dato per vinto.*
Leider, leider, leider hat Schneewittchen den vergifteten Apfel nicht überlebt. Gute Nacht.	*Ahimè, purtroppo Biancaneve non è sopravvissuta alla mela. Buona Notte.*

Und nachdem der Königin der Name partout nicht einfallen wollte, ging Rumpelstilzchen fröhlich zurück in den Wald, und der Königin ihr Kind hatte fortan ein ganz furchtbares Leben.

E siccome la regina non riuscì in nessun modo a ricordarsi del nome, Tremotino ritornò tutto contento nel bosco e da allora in poi il figlio della regina ebbe una vita terribile.

Und weil der Prinz so fett war, hat's Rapunzel das Haar komplett rausgerissen. Anschließend ist sie im Turm verhungert.

E visto che il principe era cosi grasso, la Raperonzolo si è strappata tutti i capelli dalla testa. Alla fine è morta di fame nella torre.

Und wenn sie nicht gestorben wären, dann lebten sie noch heute. Stattdessen bekam der Prinz aber Hodenkrebs, und die Königstochter hat sich anschließend totgesoffen.

E sarebbero vissuti per sempre felici e contenti. Invece al principe venne il cancro ai testicoli e la figlia del re si ubriacò fino morire.

LEKTION 64:
Italienisch für Rotkäppchen in Zahlungsschwierigkeiten / *Italiano per Cappuccetto Rosso in difficoltà finanziarie*

Großmutter, wo ist dein Geldbeutel?	*Nonna, dov'è il portafoglio?*
Großmutter, wo ist dein Sparstrumpf?	*Nonna, dov'è la tua calza salvadanaio?*
Großmutter, wo sind die großen Scheine?	*Nonna, dove sono le banconote di grosso taglio?*

LEKTION 65:
Italienisch für unerträgliche Radio-Nervsäcke / *Italiano per insopportabili rompiscatole alla radio*

Seitenbacher!	*Grissin bon!*
Seitenbacher!!	*Grissin bon!!*
Seitenbacher!!!	*Grissin bon!!!*

LEKTION 66:
Italienisch für unbedarfte Pornodarsteller / *Italiano per sprovveduti attori porno*

(Da wir davon ausgehen, dass ein Großteil unserer Leser dieses Kapitel diskret überblättert, verzichten wir auf die Übersetzung aller Sätze und übersetzen nur die wirklich wichtigen Passagen).

Ich kenne Sie ja kaum.	*Ma La conosco appena.*
Es muss ja nicht gleich zum Äußersten kommen.	*Non si deve affatto arrivare subito all'estremo.*
Wo hinein?	*Entrarci dove?*
Das ist jetzt nicht Ihr Ernst!	*Non dice sul serio!*
Wir sollten jetzt nichts überstürzen. Ich heiße Herbert. Und Sie?	*Non vogliamo precipitare tanto le cose. Mi chiamo Eriberto. E Lei?*
Was packen Sie denn da jetzt aus?	*Adesso che cosa sta disfando?*
Das nenn ich mal ein wirklich faszinierendes Gerät. Und das läuft wirklich 2 Stunden lang mit einer 1,5-Volt-Batterie?	

Eine solche Vibration ohne Steckdosenanschluss, Respekt.

Eigentlich nur das Prinzip der Schlagbohrmaschine, aber sehr sensibel umgesetzt.

Das ginge sogar durch Beton durch!

Passerebbe perfino il cemento armato!

Von der Intensität her fast wie ein Presslufthammer.

Ich bin total durchgeschüttelt. Könnten Sie mir bitte in die Hose helfen?

Sono completamente frullata. Mi potrebbe aiutare a entrare nei pantaloni?

LEKTION 67:

Italienisch für Männer mit erektiler Dysfunktion / *Italiano per uomini con una disfunzione erettile*

Standardvokabular / Vocaboli standard:

tote	*mortorio*
Hose	*nelle braghe*
schlaff	*flaccido*
reglos	*inerte*
herabhängen	*fiacco*
starke Erdanziehung	*forte gravitazione terrestre*

Gebräuchliche Sätze / Frasi correnti:

Da tut sich was!	*Guarda che si stà muovendo.*
Jetzt nicht nachlassen.	*Adesso non mollare.*
Sei doch nicht so verkrampft!	*Non irrigidirti tanto!*
Dann nimm eben mal die andere Hand!	*Prendi un pò l'altra mano!*
So wird das nie was.	*Cosi non funzionerà mai.*
Nicht hier.	*Non qui.*

Nicht verwendete Sätze / Frasi non usate:

Das hab ich gebraucht!	*Ne avevo proprio bisogno!*
Wie war ich?	*Com'ero?*
Der geht gar nicht mehr weg!	*Non si schioda proprio!*
Noch mal, mein Schatz?	*Amore, ancora una volta?*

LEKTION 68:
Italienisch für Kinder bei sozialkritischen Kasperltheateraufführungen / *Italiano per bambini che assistono al teatrino di critica sociale del burattino Kasperle*

Häufig gestellte Fragen / Domande che vengono poste spesso:

Papa, wozu hat der Kasper denn die Handgranate?	*Papà, perché il burattino Kasper ha una bomba a mano?*
Papa, warum ist die Gretl eigentlich verschleiert?	*Papà, perché la Gretl porta un velo islamico?*
Papa, warum zündet der Seppl jetzt das Haus an?	*Papà, perché Seppl adesso incendia la casa?*
Papa, warum hat der Räuber Hotzenplotz eigentlich Frauenkleider an?	*Papà, ma insomma perché il masnadiero Hotzenplotz porta abiti da donna?*
Papa, warum zieht sich der Zauberer jetzt nackig aus?	*Papà, il mago adesso perché si denuda?*
Papa, was macht der Zauberer da mit dem Krokodil?	*Papà, che fa il mago là con il coccodrillo?*
Papa, was macht das Krokodil jetzt mit dem Schaf?	*Papà, che cosa fa il coccodrillo adesso con la pecora?*

Papa, warum zieht der Wolf jetzt seinen Pelz aus?

Papà, perché il lupo adesso toglie il suo pelo?

Papa, was macht das Schaf jetzt mit dem Wolf?

Papà, che cosa fa la pecora adesso con il lupo?

Papa, warum zieht sich jetzt auch die Großmutter nackig aus?

Papà, perché adesso si spoglia nuda anche la nonna?

Papa, warum zieht sich jetzt auch noch der Räuber Hotzenplotz aus?

Papà, adesso si spoglia addirittura anche il masnadiero Hotzenplotz. Perché?

Papa, was macht der Räuber Hotzenplotz da mit der Großmutter?

Papà, che cosa sta facendo il masnadiero Hotzenplotz lì con la nonna?

Papa, warum frisst das Krokodil jetzt Geldscheine?

Papà, perché il coccodrillo adesso mangia le banconote?

Papa, warum ist das Krokodil jetzt geplatzt?

Papà, il coccodrillo perché è scoppiato adesso?

Papa, warum schaut aus dem Hosenlatz vom Kasper jetzt ein erhobener Zeigefinger?

Papà, adesso dalla brachetta di Kasper si sta alzando un indice. Perché?

Papa, warum hängen sich jetzt alle auf?

Papà, perché adesso s'impiccano tutti?

Papa, können wir nächsten Sonntagvormittag wieder die Sendung mit der Maus gucken?

Papà, la prossima domenica mattina possiamo rivedere la trasmissione di topolino?

LEKTION 69:

Italienisch für Politiker in Talkrunden / *Italiano per politici che partecipano ai dibattiti televisivi*

Jetzt lassen Sie *mich* mal ausreden.	*Adesso* mi *faccia finire di parlare.*
Nein, jetzt rede *ich!*	*No, adesso parlo* io!
Ich habe *Sie* vorhin *auch* ausreden lassen.	*Insomma io prima* l' ho pur lasciata finire *di parlare.*
Natürlich hab ich Sie ausreden lassen!	*Altrochè che l'ho fatta finire!*
Doch, das *hab* ich!	*Si che* l'ho fatto!
Jetzt unterbrechen Sie mich doch nicht *ständig!*	*Ma non mi interrompa* di continuo!
Sie lassen *mich* jetzt ausreden!	*Adesso* Lei *fa finire di parlare* me!
Nachher dürfen *Sie* wieder reden.	*Dopo può parlare di nuovo* Lei.
Dann lasse *ich Sie* auch ausreden!	*E* poi io *lascierò finire di parlare anche* Lei!
Doch, das werde ich!	Certo *che lo farò!*
ICH schon!	*Si, IO si!*
Das werden wir ja sehen, WER dann WEN nicht ausreden lässt!	*Vedremo poi CHI sarà QUELLO che non farà finire di parlare l'ALTRO!*

Das muss ICH mir von IHNEN nicht vorwerfen lassen, dass SIE nicht dazwischenrufen dürfen!	*Mica devo farmi rimproverare IO da LEI che LEI non può troncarmi la parola!*
Natürlich können Sie mich unterbrechen. Aber erst, wenn ich ausgeredet habe!	*Ma certo che mi può interrompere ma solo dopo che avrò finito di parlare!*

LEKTION 70:
Italienisch für Jugendliche ohne Erziehungshintergrund / *Italiano per adolescenti privi di un' educazione di base*

Grundwortschatz / Lessico di base:

Weiß nicht.	*Non lo so.*
Keine Ahnung.	*Non ho idea.*
Mir doch egal.	*Che me ne frega.*

Nicht verwendete Begriffe / Concetti non usati:

danke	*grazie*
bitte	*per favore*
Buch	*libro*

Häufig verwendete Substantive / Sostantivi usati spesso:

das Arbeitsamt	*l'ufficio di collocamento*
das Jugendstrafrecht	*il diritto penale minorile*
der Bewährungshelfer	*la persona che assiste e sorveglia il condannato durante la sospensione condizionale della pena*

LEKTION 71:

Italienisch für Forscher bei Klon-Experimenten / *Italiano per scienziati che fanno esperimenti di clonazione*

Grundwortschatz / Lessico di base:

unbedenklich	*senza pericolo*
risikofrei	*senza rischio*
idiotensicher	*di una facilità estrema*

Sätze für die Praxis / Frasi per la prassi:

Was ist denn das??	*Questo che cos'è?*
So etwas hab ich ja noch nie gesehen!	*Non ho mai visto una cosa simile.*
Wenn es weiterwächst, müssen wir es umbringen!	*Se continua a crescere, lo dobbiamo uccidere!*
Wieso hat hier niemand ein Gewehr?	*Come mai qui nessuno ha un fucile?*
Probieren wir's mal mit Erwürgen.	*Proviamo a strozzarlo.*
Stimmt, es hat ja nur dieses Riesenhirn und die Tentakel, aber keinen Hals.	*Infatti ha solo un cervello gigantesco e dei tentacoli ma gli manca il collo.*
Ruft mal einer zur Sicherheit die Armee.	*Per sicurezza qualcuno chiami l'esercito.*

Wie? Das Ding sitzt auf dem Telefon??	*Cosa? Questo Coso sta seduto sul telefono?*
Jetzt teilt es sich auch noch!	*Ora si sta addirittura dividendo!*
Das sind aber viele!	*Guarda quanti!*
Wisst ihr was? Lasst uns einfach abhauen.	*Sapete cosa? Scappiamo!*

LEKTION 72:
Italienisch für jahrelang Verschollene / *Italiano per chi è disperso da anni*

Hallo Schatz, ich bin wieder da!	*Ciao amore, sono ritornato!*
Der Bub ist aber groß geworden!	*Però! Com'è cresciuto il ragazzetto!*
Wie? Das ist gar nicht der Bub?	*Come? Mi vuoi dire che non è il ragazzetto?*
Dann geh ich mal packen …	*Allora vado a fare le valigie …*

LEKTION 73:
Italienisch für qualifizierte Psychiater / *Italiano per psichiatri competenti*

Grundwortschatz / Lessico di base:

der Penis	*il fallo*
die Mutter	*la madre*
der Komplex	*il complesso*
die Neurose	*la nevrosi*
die Couch	*il divano*

LEKTION 74:
Italienisch für unqualifizierte Psychiater / *Italiano per psichiatri incompetenti*

Häufig verwendete Sätze / Frasi usate spesso:

Junge, Junge, das nenn ich mal 'ne Macke!	*Santo cielo, a questo veramente gli manca qualche venerdi!*
Wissen Sie was? Sie sind einfach kom-plett verrückt.	*Sa cosa? Lei semplicemente è com-plet-ta-men-te pazzo.*
Das war Ihre Kindheit? Ich schmeiß mich weg!	*Era questa la Sua infanzia! Muoio dal ridere!*
Schade, dass Sigmund Freud Sie nicht mehr kennenlernen kann.	*È un vero peccato che Sigmund Freud non ha potuto conoscer La personalmente.*
Ich hab 'nen Längeren.	*Il mio è più lungo.*

LEKTION 75:

Italienisch für extreme Nostalgiker / *Italiano per persone estremamente nostalgiche*

Grundwortschatz / Lessico di base:

früher	*una volta*
besser	*meglio*
alles	*tutto*
D-Mark	*la Lira*
Tante-Emma-Laden	*il negozietto all'angolo*
Dampflok	*il treno a vapore/la locomotiva a vapore*
Kaiser Wilhelm	*Re Vittorio Emanuele II di Savoia*
Lehnswesen	*il feudalismo*
Höhlenmalerei	*la pittura rupestre*
Mammut	*il mammùt*
Einzeller	*gli organismi unicellulari*
Urknall	*il big bang*
Ober, noch einen Viertel Liter Chianti	*Cameriere! Mi porti ancora un quartino di Chianti!*

LEKTION 76:
Italienisch für schlechte Zauberer / *Italiano per maghi incapaci*

Grundwortschatz / Lessico di base:

Hoppla!	*Oppelà!*
Uupsala!	*Oopsala!*
Hüstel …	*un tossicchiare …*
Hinterausgang	*l'uscita posteriore*

Häufig verwendete Sätze / Frasi usate spesso:

Achten Sie jetzt nicht darauf, was ich mit der rechten Hand mache.	*Ora non deve tener conto di quello che faccio con la mano destra.*
Das hätte jetzt eigentlich die Pik-Dame sein sollen.	*In realtà, questa adesso avrebbe dovuto essere la dama di picche.*
Gestern Abend *hat* das funktioniert!	*Ieri sera però* mi *è riuscito!*
Das probiern wir *gleich* noch mal.	*Ci proviamo* subito *ancora una volta.*

LEKTION 77:
Italienisch für komplett unfähige Zauberer / *Italiano per maghi incapaci*

Standardsätze / Frasi standard:

Eine Freiwillige aus dem Publikum!	*Una volontaria del pubblico!*
Die Zersäge-Vorrichtung!!	*l'attrezzo per segare!*
Hoppla!!!	*Opplà!!!*

LEKTION 78:
Italienisch für Astronauten / *Italiano per astronauti*

Häufig gehörte Zahlwörter / Numerali uditi spesso:

10, 9, 8, 7, 6, 5, 4, 3, 2, 1	*dieci, nove, otto, sette, sei, cinque, quattro, tre, due, uno*

Selten verwendete Sätze / Frasi usate raramente:

Ein kleiner Schritt für mich nur, aber ein großer für die Menschheit.	*È solo un piccolo passo per me ma un grande passo per l'umanità.*
Houston, wir haben ein Problem!	*Huston! Abbiamo un problema!*

Noch seltener verwendete Sätze / Frasi usate ancora più raramente:

Ein kleiner Schritt für mich nur, aber ein großer für Friedolin S. aus L.	*È solo un piccolo passo per me ma un grande passo per Fridolino S. di L.*
Schwäbisch Gmünd, wir haben ein Problem.	*Schwäbisch Gmünd! Abbiamo un problema!*

LEKTION 79:
Italienisch für Schwermütige / *Italiano per malinconici*

Adjektive / Aggettivi:

düster	*tetro*
öd	*squallido*
sinnlos	*insensato*
unbedeutend	*insignificante*

Zahlwörter / Numerali:

dreizehn	*tredici*
null Bock	*zero voglia*
zwei Promille	*due per mille (di alcol)*

Haupt- und Namenswörter / Sostantivi e Nomi:

der Tod	*la morte*
das Unglück	*la sfortuna*
das Elend	*la miseria*
die Katastrophe	*la catastrofe*
Berti Vogts	*Giovanni Trappatoni*

LEKTION 80:
Italienisch für sehr schweigsame Touristen /
Italiano per turisti molto taciturni

LEKTION 81:
Italienisch für windige Rechtsanwälte / *Italiano per avvocati tempestosi*

Häufig verwendete Formulierungen / Espressioni spesso usate:

der Vorschuss	*l'anticipo*
die Rechtsschutzversicherung	*la polizza che tutela i costi legali*
mehr Vorschuss	*un anticipo maggiore*
Den Prozess gewinnen wir!	*Il processo lo vinciamo noi!*
noch mehr Vorschuss	*un anticipo ancora più grande*
Diesen Prozess kann man gar nicht verlieren!	*Questo processo proprio non lo perderemo!*
Der Richter ist ein Vetter meines Schwagers.	*Il giudice è un cugino di mio cognato.*
die Berufungsverhandlung	*processo d'appello*
die Revision	*il ricorso*
Ich hätte den Prozess schon gewonnen, mir sind nur die Instanzen ausgegangen.	*Avrei vinto il processo davvero, solo che ho esaurito tutte le istanze.*

LEKTION 82:
Italienisch für Steuerhinterzieher / *Italiano per evasori fiscali*

Grundwortschatz – Substantive / Lessico di base – Sostantivi:

das Schwarzgeld	*il denaro nero*
das Arbeitsessen	*il pranzo di lavoro*
das Büromaterial	*il materiale per l'ufficio*
die Geschäftsreise	*il viaggio d'affari*

Grundwortschatz geographische Begriffe / Lessico di base – concetti geografici:

Schweiz	*la Svizzera*
Liechtenstein	*Liechtenstein*
Jersey Island	*l'Isola di Jersey*
Cayman-Inseln	*le Isole Cayman*

Häufig verwendete Redewendungen / Locuzioni usate spesso:

Das macht doch jeder.	*Ma lo fanno tutti.*
Das geht auch ohne Rechnung.	*Va bene anche senza fattura.*
bar auf die Kralle	*contanti sull'unghia*
die da oben	*i capi lassù*

FDP wählen	*votare Berlusconi*
Finanzamt anzünden	*incendiare l'ufficio delle imposte*

LEKTION 83:
Italienisch für engstirnige, gewaltbereite Meinungsforscher / *Italiano per esperti di demoscopia di mente ristretta e disposti a usare la forza*

Standardformulierungen / Espressioni standard:

Wenn nächsten Sonntag Wahl wäre, wie würden Sie wählen?	*Se la prossima domenica fossero le elezioni Lei come voterebbe?*
Aber wehe, Sie lügen mich an!	*Guai a Lei però, se mi dice una bugia!*
Das glaub ich Ihnen nicht!	*Non Le credo!*
Ist doch ’ne ganz einfache Frage. Sind Sie blöd oder was?	*Su, che si tratta di una domanda molto semplice. Ma Lei è scemo?*
Sie beantworten jetzt diese Frage richtig, sonst riechts hier aber gewaltig nach Ärger!	*Adesso risponda in maniera giusta, altrimenti sono guai!*
Ich frag jetzt nochmal im Guten …	*Glielo chiedo ancora una volta con le buone …*

LEKTION 84:
Italienisch für Autofahrer in Alkoholkontrollen / *Italiano per automobilisti nei controlli alcolemici*

Standardformulierungen / Espressioni standard:

Kein Tropfen.	*Neanche una goccia.*
Nur ein Gläschen.	*Solo un bicchierino.*
Maximal drei kleine Bier.	*Al massimo tre piccole birette.*
Da bin ich aber schon deutlich besoffener heimgefahren.	*Ho già guidato la macchina tanto più brillo.*
Ja hätte ich in dem Zustand vielleicht laufen sollen?	*Scusi, avrei forse dovuto camminare in queste condizioni?*
So redet man halt daher, wenn man gerade ordentlich einen durchgezogen hat.	*Insomma, così si parla quando ci si è appena presi una buona sbornia.*
Den Führerschein können Sie gerne behalten, ich hab noch zwei andere im Handschuhfach.	*Certo che può tenersi la patente, tanto ne ho altre due nel cassetto portaoggetti.*
Also bei Ihrem Gehalt können Sie die 100 Euro doch sicher gut gebrauchen.	*Beh, con quello stipendiuccio le 100 Euro le staranno anche bene.*

Kein Problem. Und denken Sie daran, mich bei der nächsten Bürgermeisterwahl wiederzuwählen.

Nessun problema e non si dimentichi di rivotarmi alle prossime elezioni sindacali.

LEKTION 85:
Italienisch für schwerreiche Kotzbrocken / *Italiano per uno schifoso Paperon de' Paperoni*

Standardätze / Frasi standard:

Ich kauf den Laden und schmeiß Sie raus.	*Compro sta baracca e La sbatto fuori.*
Können Sie auf einen 500er rausgeben?	*Può darmi il resto di una banconota da 500?*
Hier baue ich meinen nächsten Geldspeicher hin.	*Qui fabbricherò la mia prossima cassaforte.*
Die erste Million ist die schwerste.	*Il primo milione è quello più pesante.*
Lieber reich und gesund als arm und krank.	*Meglio ricchi e sani che poveri e malati.*
Tiefer können Sie sich nicht verneigen?	*Non potrebbe fare un inchino più profondo?*
Den Stuhl bitte noch etwas weiter unter meinen Hintern schieben.	*La prego di spingere la sedia ancora un po' più sotto il mio sedere.*

Nicht verwendete Sätze / Frasi non usate:

Stimmt so.	*Va bene cosi.*
Der Rest ist für Sie.	*Tenga il resto.*
Wo's für zwei reicht, reichts auch für drei.	*Se basta per due basta anche per tre.*

Grammatik / Grammatica:

Der Neureiche verwendet überwiegend Sätze in der Befehlsform (Imperativ).

Nachschenken!	*Riempia i bicchieri!*
Platz da!	*Fate largo!*
Lecken Sie mich am Arsch!	*Vaffanculo!*

Sätze zum Kellner nach der zweiten Flasche Wein / Frasi parlate al cameriere dopo la seconda bottiglia di vino:

Du bist aber ein guter Neger.	*Sei veramente un servo valido.*
Um diese Uhrzeit ist so ein Witz erlaubt.	*A quest'ora sono ammesse barzellette di questo genere.*
Spaß muss sein, oder?	*Si fa per scherzare, no?*
Ich verdien an einem Tag mehr als du in einem Jahr. Darauf stoßen wir jetzt an.	*In un giorno io guadagno più di quanto tu guadagni in tutto l'anno. Ora brindiamoci sopra!*
Prost!	*Cin Cin!*

LEKTION 86:
Italienisch für sarkastische Bestattungsunternehmer / *Italiano per imprenditori funebri muniti di sarcasmo*

Sind Sie wirklich sicher, dass er tot ist?	*È sicuro che sia morto?*
Eine professionelle Herzmassage und Ihr Großvater hätte überlebt.	*Un massaggio cardiaco professionistico avrebbe salvato la vita a Suo nonno.*
Da haben wir ja nochmal Glück gehabt!	*Che fortuna!*
Morgen geht's nicht. Da bin ich auf einer Beerdigung.	*Domani non ho tempo. Sono ad un funerale.*
Ich gratuliere Ihnen! Das ist meine 1000ste Leiche.	*Congratulazione! Questa è la mia millesima salma.*
Tragisch, sicher. Andererseits: Wozu haben wir denn Friedhöfe?	*Certo che è tragico. Ma d'altrone: i cimiteri devono pur servire a qualcosa?*

LEKTION 87:
Italienisch für lebendig Begrabene / *Italiano per chi è stato seppellito vivo*

Hallo?	*Ehilà!*
Ist da jemand?	*Non c'è nessuno?*
Ich bin noch nicht tot.	*Non sono ancora morto.*
Ich möchte telefonieren.	*Vorrei telefonare.*
Ein paar Zeitschriften und eine Leselampe wären jetzt nicht schlecht.	*Un paio di riviste e una lampada adesso starebbero bene.*
Hoffentlich habe ich wenigstens den Herd ausgemacht.	*Spero almeno di aver spento il gas a casa.*

LEKTION 88:
Italienisch für fundamental katholische Priester / *Italiano per preti fondalmentalmente cattolici*

Grundwortschatz / Lessico di base:

die Verdammnis	*la maledizione*
die Hölle	*l'inferno*
der Kondomautomat	*il distributore automatico di preservativi*

Häufig verwendete Sätze / Frasi usate spesso:

Das ist eindeutig Hexenwerk!	*Indubbiamente questa è stregoneria!*
Ein zünftiger Exorzismus hat noch keinem geschadet!	*Un esorcismo ben fatto non ha ancora recato danno a nessuno!*
Den Physiker bitte besonders gründlich verbrennen!	*Il fisico lo si deve cremare particolarmente bene!*

Nicht verwendete Sätze / Frasi non usate:

Freitags schmeckt das Steak am leckersten!	*Il venerdi la bistecca è più deliziosa che mai.*
Ich werde Vater!	*Divento papà!*
Allah ist groß!	*Allah è grande!*

LEKTION 89:
Italienisch für Päpste / *Italiano per i papi*

Ist das Papamobil vollgetankt?	*Avete fatto il pieno al papamobile?*
Was macht die Karre eigentlich an der Spitze?	*Che cosa fa quel trabiccolo là davanti?*
Den Porsche da vorne versägen wir doch locker.	*Quella Porsche là davanti la sorpassiamo senza problemi.*
Jetzt mal nicht so zaghaft mit der Lichthupe!	*Su! Non indugiare a lampeggiare i fari!*
Chauffeur! Der Messwein korkt!	*Chauffeur! Il vino da messa sà di tappo!*

LEKTION 90:
Italienisch für Gott / *Italiano per Dio*

Häufig verwendete Sätze / Frasi usate spesso:

Das dauert ja ewig!	*Dura un'eternità!*
Das hab ich kommen sehen!	*Sapevo che doveva succedere!*
Weiß ich selber.	*Lo sò anch'io.*

Weniger häufig verwendete Sätze / Frasi usate raramente:

Hat Nietzsche schon seine tägliche Tracht Prügel bekommen?	*Nietzsche ha già ricevuto il suo fracco di legnate quotidiano?*
Jesus, wenn du das nächste Mal runtergehst, nimm den Müll mit.	*Gesù! Porta giù le immondizie la prossima volta che scendi.*

Nur in Selbstgesprächen verwendete Sätze / Frasi usate soltanto nei soliloqui:

Mein Gott!	*Oddio!*
Gott sei Dank!	*Grazie a Dio!*
Gottverdammt noch mal!	*Porco Dio!*
Um Gottes willen!	*Per l'amor di Dio!*

Nicht verwendete Sätze / Frasi mai usate:

Kann mir mal jemand helfen?	*Chi mi può aiutare?*
Da frag ich mal das Publikum!	*Adesso chiedo al pubblico.*

Zusatzmaterial

Wegen mangelnder Teilnehmerzahl abgeblasene Kurse / *Corsi cancellati per mancanza di partecipanti:*

- Italienisch für im brasilianischen Urwald Verschollene / *Italiano per dispersi nelle giungla brasiliane*
- Italienisch für von Ufos entführte, grünäugige, einbeinige Glatzköpfe mit Führerscheinklasse 3 / *Italiano per persone calve in possesso della patente categoria B che hanno solo una gamba, gli occhi verdi e che sono state rapite dagli ufo*
- Italienisch für pünktliche Handwerker / *Italiano per artigiani che apprezzano la puntualità*

Wegen zu großen männlichen Andrangs gestrichene Kurse / *Corsi cancellati per massiccia affluenza maschile:*

- Italienisch für Blondinen mit großen Brüsten / *Italiano per le belle bionde con il seno grande*
- Italienisch für nymphomane Briefträgerinnen / *Italiano per postine ninfomani*
- Italienisch für blutjunge Krankenschwestern / *Italiano per infermiere giovanissime*

Aus Gründen der Political Correctness gestrichene Kurse / *Corsi cancellati per motivi di correttezza politica:*

- Italienisch für Neger / *Italiano per negri*

Take-outs – *Nicht verwendete Lektionen*

1.
Italienisch für komplett falsch ausgerüstete Atomphysiker / *Italiano per fisici nucleari con un' attrezzatura del tutto sbagliata*

der Schraubenzieher	*il cacciavite*
die Beißzange	*le tenaglie*
die Leiter	*la scala*
die Lupe	*la lente*
die Waschmaschine	*la lavatrice*
die Wasserwaage	*la livella a bolla d'aria*
die Spachtel	*la spatola*
das Seil	*la corda*
der Vorschlaghammer	*il martello da fabbro*
der Meißel	*lo scalpello*
das Bier	*la birra*

Standardsätze / Frasi standard:

Kann mir mal jemand sagen, wie ich mit Hammer und Meißel einen Atomkern spalten soll?	*C'è qualcuno che mi sa dire come faccio a scindere questo nucleo atomico con il martello e lo scalpello?*
Soweit ich das mit der Lupe erkennen kann, klebt das Wasserstoffatom am Schraubenzieher fest.	*Per quanto riesco a vedere sotto la lente, l'atomo di idrogeno è appiccicato al cacciavite.*

Jetzt probieren wir die Teilchenbeschleunigung in der Waschmaschine mal im Schleudergang.	*Proviamo ad usare la centrifuga della lavatrice come acceleratore di particelle.*
Bier ist alle!	*È finita la birra.*

2.
Italienisch für angehende Notärzte / *Italiano per i medici di pronto soccorso alle prime armi*

Substantive / Sostantivi:

das Blaulicht	*il lampeggiante*
das Martinshorn	*la sirena*
der Herzinfarkt	*l'infarto*
die Wiederbelebung	*la rianimazione*
die Notoperation	*l'operazione d'urgenza*
das Skalpell	*il bisturi*
die Brustöffnung	*l'apertura del torace*
die Herz-Lungen-Maschine	*la macchina cuore-polmoni*
die Bluttransfusion	*la trasfusione di sangue*

Häufig verwendete Sätze / Frasi usate spesso:

Schwester! Noch eine Dosis Adrenalin!	*Infermiera! Un'altra dose di adrenalina!*
Schwester! Noch eine intracoronare Spritze!	*Infermiera! Un'altra iniezione intracoronarica!*
Wir müssen den Kreislauf stabilisieren!	*Dobbiamo stabilizzare la circolazione del sangue!*
Himmel! Wir verlieren sie!	*Santo cielo!! La stiamo perdendo!*
Gott steh uns bei!	*Dio ci assista!*

Es … es ist vorüber …	*È … finita …*
Unsere Puppe ist tot.	*È morta la nostra bambola.*
Dann spielen wir jetzt was anderes: Zeigst du mir deins, zeig ich dir meins!	*Allora adesso giochiamo a qualcos'altro: Fammi vedere il tuo e io ti faccio vedere il mio!*

3.
Italienisch für Touristen im Ramadan / *Italiano per turisti durante il ramadan*

Nicht sehr gern gehörte Sätze / Frasi che non si sentono molto volentieri

Einen großen Humpen Bier für den Imam. Aber bitte noch vor Sonnenuntergang.	*Un grande boccale di birra per l'imam. Ma per piacere prima che tramonti il sole.*
Für mich eine Magnumflasche Champagner und für den Ayatollah eine Schweinshaxe.	*Per me una bottiglia magnum di Champagner e per l'ayatollah uno stinco di maiale.*

(Besser nicht weiter ausarbeiten. Könnte zu Spannungen mit dem Islam führen.)

4.
Italienisch für Touristen ohne jegliche Begabung für Fremdsprachen / *Italiano per turisti che non possiedono alcuna disposizione per le lingue*

Der Tourist ohne Fremdsprachenbegabung benötigt folgende Sätze / *Il turista a cui la disposizione per le lingue ha bisogno di seguenti frasi:*

I from Germany, know you?
Äh … Schpagetti bolonäs … s'il vouz please.
Und vino casa … rot … uno bottle rouge eben … Du bringen hier an table.
Nix piccolo, great bottle, große bottel … äh … magnum botteli, claro?
Mio … äh … Deutschland, understand? … You niente sprech Germanski?
I learn italienisch at Volkshochschule und you nix understand? Are you doof oder what?
Kann dieser blöde Itakker eigentlich nicht anständig Deutsch lernen?

(Schwer zu übersetzen. Weglassen!)

5.

Italienisch für philosophierende Katzen / *Italiano per gatti filosofanti*

Für Außenstehende mag es unappetittlich erscheinen, dass ich mit meiner Zunge die Afterrosette reinige. Aber es ist ein Instinkt.[1] Von der Evolution in Jahrmillionen entwickelt. Dagegen komme ich nicht an. Andererseits: Habe ich nicht einen freien Willen?[2] Der mich entscheiden lässt zwischen meinem natürlichen Verhalten und der gesellschaftlichen Erwartung.[3] Andererseits geht mir das voll am Katzenpopo[4] vorbei. (…)
Gut, dass das bereits auf Italienisch erörtert und ins Deutsche transponiert wurde und deswegen hier nicht nochmals übersetzt werden muss.[5]

1 Auch im Kantschen Sinne.
2 vgl. Kierkegaard, a.a.0.
3 siehe auch: Schopenhauer, Die Welt als Wille und Vorstellung, S. 323 ff.
4 Greenhouse, P. M., Felidae and Asscleaning, Boston, 1879
5 vgl. Brunetti, G., Der Arsch der Katze, Perugia, 2001, in der Übersetzung von Dieter Hallervorden
(Zu intellektuell. Eventuell für kritische Gesamtausgabe vormerken.)

6.
Italienisch für Pessimisten / *Italiano per pessimiste*

Bis ich diese Grammatik begriffen habe, bin ich sowieso schon tot.
(Nicht weiterverfolgen. Zu pessimistisch)

Vorschau auf den nächsten Band

Am Nachfolgeband wird emsig gearbeitet. Er erscheint übermorgen und umfasst unter anderem folgende Themen:

- Italienisch für extreme Reisemuffel
- Italienisch für Touristen mit Nasenbluten
- Italienisch für Touristen mit eingewachsenen Zehennägeln
- Italienisch für Touristen, welche eine Vorliebe für Relativsätze haben
- Italienisch für den internationalen Schifffahrtshupsignalverkehr
- Italienisch für aufsteigende Bergsteiger
- Italienisch für abstürzende Bergsteiger
- Italienisch für Winterurlauber, die mit der Zunge am Laternenpfahl festgefroren sind
- Italienisch für Stimmungskanonen am Sterbebett